써니쌤과 함께
처음 시작하는 SNS 디자인
캔바

써니쌤과 함께

처음 시작하는
SNS 디자인
캔바 *Canva*

써니쌤 강성은 지음

시원
북스

추천사

캔바와 SNS 사용자들을 위한 필독서가 드디어 나왔습니다. 온라인 수익화에 있어서 이제 캔바는 필수품이 되었습니다. 이 책은 캔바 업그레이드된 최신 버전의 기능들을 자세하고 꼼꼼하게 설명하고 있습니다.

특히 강성은 선생님은 수많은 온오프라인 실전 강의에서 활발한 활동을 하고 있으며, 실제 운영하고 있는 SNS에서도 캔바 꿀팁들을 많이 알려 주고 있습니다. 강성은 선생님만의 살아 있는 경험과 캔바 기능들을 이 책 안에 자세히 소개하고 있습니다.

빠르게 변화하는 오늘날의 디지털 세계에서 SNS를 비롯한 수많은 광고물을 눈에 띄게 만드는 건 예술이자 과학입니다. 이 책은 독자들에게 캔바를 사용하여 시각적으로 놀랍고 전문가 수준의 디자인을 만드는 데 필수적인 가이드를 제공함으로써 그 격차를 줄여줍니다.

단계별 튜토리얼, 실제 사례로 가득한 이 책은 독자들이 자신의 아이디어를 손쉽게 시각화할 수 있는 길을 제시하고 있습니다.

단지 캔바 사용법은 누구나 쉽게 알 수 있지만 이것을 어떻게, 어디에, 어떤 방식으로 사용하느냐가 중요하죠. 이 책은 실무에서 다져진 강성은 선생님만의 노하우가 고스란히 담겨 있어서 독자들에게 캔바의 무한한 확장성을 알려 주는 길잡이가 될 것입니다.

이 책의 마지막 페이지를 넘길 때쯤이면 여러분은 캔바 전문가가 될 뿐 아니라 자신감과 창의력을 갖게 될 것입니다. 디지털 공간에 영향력을 행사하는 데 진심이라면 이 책을 선택하는 건 필수가 될 것입니다.

국제디지털콘텐츠협회 협회장 **이은희**

국내에는 다양한 SNS 콘텐츠 제작 도구들이 존재하지만, Canva만큼 직관적이면서도 효과적으로 결과물을 만들어낼 수 있는 툴은 찾기 어렵습니다. Canva는 초보자도 쉽게 사용할 수 있는 간단한 인터페이스를 제공하면서도, 전문가 수준의 디자인을 제작할 수 있는 강력한 기능을 갖추고 있어 많은 사랑을 받고 있습니다. 이 책은 Canva의 기본 기능을 넘어, 실무에서 바로 활용할 수 있는 다양한 팁과 전략을 담고 있어, 디자인 경험이 없는 초보자부터 숙련된 전문가까지 폭넓은 독자층에게 유용한 내용을 제공합니다.

특히 마케팅, 브랜딩, 콘텐츠 제작 등 다양한 분야에서 효율성을 높이고자 하는 분들에게 많은 도움이 됩니다. 이 책을 통해 Canva를 활용해서 시간과 비용을 절약할 수 있을 뿐만 아니라, 결과물의 품질을 한층 더 끌어올릴 수 있는 방법을 배울 수 있습니다. 단순한 도구 사용법을 넘어 실전 사례 중심으로 내용이 담겨 있기 때문에 보는 순간 즉시 실용적인 가이드가 될 수 있습니다.

마케팅 현장에서 디자인과 콘텐츠 제작의 효율성을 극대화하고 싶은 분들께 이보다 더 나은 가이드는 없을 것입니다. Canva를 통해 디자인의 문턱을 낮추고, 결과물의 완성도를 높이는 방법이 이 책에 담겨 있습니다. 실용적이면서도 창의적인 아이디어와 전략이 필요한 모든 분들께 강력히 추천합니다.

마케팅 전문가 **플랫폼트리**

들어가며

캔바만 있으면
당신도 디자인할 수 있습니다

안녕하세요, 캔바, SNS 운영, 콘텐츠 디자인 전문 강사 써니쌤입니다.

저는 수많은 사람들에게 캔바로 디자인하는 법을 강의해왔습니다. 교육생 중엔 캔바를 들어본 적 없으시거나, 디자인에 생소하신 분들도 있으셨습니다. 그럼에도 강의를 통해 자기만의 디자인을 만들어내는 분들을 목격했습니다. 그 모습을 보고 전 더 많은 사람에게, 단 한 권으로 캔바 사용법과 디자인 방법을 전하고 싶어 이 책을 집필했습니다.

캔바는 쉽고 편리한 디자인 툴인 동시에 그 이상의 가능성이 있습니다. 캔바 하나로 명함, 안내 책자, 메뉴판 등 일상생활에서 접하는 거의 모든 것들을 디자인할 수 있습니다. 특히, SNS 운영에 있어서 캔바는 강력한 도구입니다. 이 책을 통해 SNS 콘텐츠 디자인을 학습하면서 여러분의 SNS는 한층 더 매력적이고, 효과적으로 변할 것입니다.

캔바로 디자인하면, 이런 점이 좋습니다

캔바를 배우면 복잡한 디자인 프로그램 없이도 자신의 아이디어를 디자인으로 실현할 수 있습니다. 드래그&드롭 방식의 직관적인 인터페이스 덕분에, 디자이너가 아니더라도 다양한 템플릿과 소스를 활용하여 빠르고 손쉽게 디자인을 완성하고, 퀄리티 높은 결과물을 얻을 수 있습니다. 또한 AI 기능과 플러그인 앱을 이용하여 다양한 이미지, 동영상 등을 원하는 대로 편집할 수 있습니다. 무엇보다도 "모방은 창조의 어머니"라는 말이 있듯이 캔바를 처음 써보거나, 디자인을 해본 적 없는 사람이라도 캔바의 수많은 디자인을 참고하여 자기만의 콘텐츠를 디자인할 수 있습니다.

이 책의 구성과 핵심 포인트

이 책에서는 캔바의 기초를 시작으로 각 SNS 플랫폼에 맞는 콘텐츠 디자인 방법까지 제시합니다.

1장에선 가입 방법, 홈화면 구성, 템플릿 검색 방법 등 처음 캔바에 들어간 독자에게 도움이 될 기초 정보를 담았습니다.

2장에선 실제 디자인 작업 화면에 있는 각 메뉴의 위치와 기능, 실제 사용 예시에 대해 자세히 다루었습니다.

3장에선 캔바의 AI 기능을 비롯한 플러그인 앱의 사용법과 실제 사용 예시를 전하여 더 개성적인 콘텐츠를 만드는 법을 알려드립니다.

4장에선 인스타그램, 블로그, 유튜브 등 각 SNS의 콘텐츠를 캔바로 어떻게 만들고, 변형할 수 있는지 구체적인 방법을 제공합니다.

각 장의 내용은 2024년 10월에 진행된 최신 업데이트 버전을 기준으로 작성되어 디자인 작업, SNS 운영에 바로 적용할 수 있습니다. 이 책을 통해 콘텐츠 디자인과 SNS 운영에 대한 통찰도 얻으시길 바랍니다.

당신만을 위한 써니쌤의 SNS 운영 전략

책을 집필하고 하나만은 확신했습니다. 이 책으로 캔바의 사용법을 배우는 것을 넘어 각 SNS에 최적화된 디자인 방법과 콘텐츠 운영 전략을 습득할 것임을 말입니다. 디자인은 단지 예쁜 그림을 그리는 것이 아니라, 사람들과 소통하고, 브랜드를 표현하는 중요한 도구입니다. 이 책을 통해 각 SNS 플랫폼의 특성을 고려하여 디자인하는 법을 알게 되어, 여러분이 만든 콘텐츠가 더 많은 사람들에게 영향을 미치고, 사랑받을 수 있을 것입니다.

이 책과 함께 디자인 여행을 떠나는 분들에게 전하는 진심

이 책을 편 여러분은 이미 멋진 여정을 시작하셨습니다. 디자인을 배우고, SNS를 통해 자신의 목소리를 낼 준비를 하신 겁니다. 여러분이 이 책을 통해 더욱 자신감을 얻고, 실제로 원하는 디자인을 손쉽게 만들어 가시길 바랍니다. 좋은 디자인은 언제나 여러분의 노력과 창의력에 달려 있습니다. 실패를 두려워하지 말고, 계속해서 시도하고 배우며 성장하세요. 여러분이 만든 콘텐츠가 여러분의 브랜드 가치를 높이고, 더 좋은 기회를 창출할 수 있기를 기원합니다.

여러분의 디자인 여정과 성공적인 SNS 운영을 진심으로 응원합니다!

써니쌤

1장　캔바 시작하기

2장　캔바 주요 메뉴 알아보기

3장 캔바 AI와 유용한 앱 알아보기

4장

캔바로 SNS 디자인하기

1장 캔바 시작하기

1.1 캔바란?

캔바(Canva)는 누구나 쉽게 디자인 작업을 할 수 있도록 도와주는 온라인 그래픽 디자인 플랫폼입니다. 웹 기반의 디자인 편집툴로 별도의 프로그램 설치가 필요 없고 PC와 모바일에서 모두 사용 가능합니다. SNS 게시물, 프레젠테이션, 명함, 브로셔, 포스터, 초대장, 동영상 등 개인적인 용도부터 비즈니스에 필요한 디자인까지 수만 개의 템플릿과 무료 사진, 이미지, 폰트, 일러스트 등 다양한 소재가 있어 디자인에 대한 전문적인 지식이나 기술 없이도 누구나 쉽게 디자인할 수 있습니다.

1.2 캔바 저작권 알아보기

캔바로 만든 디자인의 상업적 이용 가능 범위

캔바에서 만든 디자인은 기본적으로 원본 그대로를 사용하는 것이 아니면 상업적 이용이 가능하며, 출처 표시는 필요하지 않습니다.

구체적인 상업적 이용 예시로는 웹사이트 게재, SNS 게시물, 마케팅 자료 활용, 캔바로 만든 디자인이 들어간 상품 판매, 주문 인쇄(POD) 사이트에 캔바에서 제작한 디자인 업로드 등이 포함됩니다.

주의사항

- **원본 그대로의 디자인 콘텐츠 판매 금지:** 캔바의 디자인 콘텐츠를 변형하지 않은 상태로 판매하거나 재배포할 수 없습니다. 예를 들어, 변형되지 않은 사진을 제품에 인쇄하는 것은 허용되지 않습니다. 도형과 선을 추가한다거나 텍스트와 색상을

변경하는 등의 디자인 변형을 하셔야 합니다.

- **상표 등록 불가:** 캔바의 디자인 요소를 사용한 로고는 상표 등록이 불가능합니다. 상표는 브랜드 소유자가 독점적으로 사용하는 고유한 기호여야 합니다. 캔바 템플릿과 소재는 누구나 자유롭게 사용할 수 있기 때문에 다른 사람과 비슷한 로고 디자인이 나올 수 있어 독점권을 주장할 수 없고 상표 등록을 할 수 없습니다. 단, 캔바에 있는 기본 선과 도형, 글꼴을 사용하여 처음부터 독창적인 로고를 디자인한다면 가능합니다.

- **스톡 사이트 판매 금지:** 캔바의 템플릿과 요소를 스톡 이미지 사이트에서 판매할 수 없습니다. 다른 사람의 디자인을 복사하여 판매하는 일은 저작권 침해에 해당하기 때문입니다.

- **외부 디자인 콘텐츠 사용 시 주의:** 캔바 이외에 다른 사이트의 디자인 콘텐츠를 업로드하여 사용한 경우에는 해당 요소에 대한 저작권은 별도로 직접 확인해야 합니다.

- **오디오, 음악 소재 사용 시 주의:** 유튜브(YouTube)에 업로드 시에는 결제 및 인증을 마친 유료(Pro) 오디오를 사용한 동영상만 업로드하세요. 유튜브는 캔바 계정과 연동된 계정만 인증된 라이선스 소유자로 인식합니다. TV, 영화, 라디오, 팟캐스트 광고 등 기존 미디어 광고나 유료 채널의 광고에는 사용할 수 없습니다.

- **디즈니 컬렉션의 허용 범위:** 상업적 목적으로 사용할 수 없습니다. 템플릿에 제공된 콘텐츠만 사용할 수 있으며 외부 요소는 사용할 수 없습니다.

잠시만요!

캔바의 Pro 오디오 소재를 사용한 동영상이라도 라이선스를 확인하지 않은 경우 유튜브, 페이스북 (Facebook), 인스타그램(Instagram) 등에 게시할 때 콘텐츠 ID 소유권을 주장받을 수 있습니다.

① 콘텐츠 ID 소유권 주장 방지 및 해소하기(www.canva.com/help/content-id-claim/)

② 캔바로 만든 디자인을 상업적으로 이용할 때, 주의해야 할 4가지 포인트(www.canva.com/ko_kr/learn/copyright/#checklist)

③ 폰트 저작권, 저작권 걱정 없는 이미지, 아이콘, 일러스트레이션, 동영상, 오디오, 템플릿 등 캔바의 콘텐츠 라이선스 계약 관련해서 더 자세한 내용은 캔바의 콘텐츠 라이선스 계약(www.canva.com/policies/content-license-agreement/) 페이지를 참고해주세요.

④ 라이선스에 대한 다른 질문이나 우려 사항이 있는 경우, 지원팀에 문의할 수 있습니다. (www.canva.com/help/get-in-touch/troubleshooting/)

해당 사이트를 참고하고 싶다면 아래 QR 코드를 스캔해보세요.

① 콘텐츠 ID 소유권 주장 방지 및 해소

② 상업적 이용 시 주의해야 할 4가지 포인트

③ 콘텐츠 라이선스 계약

④ 지원팀

1.3 캔바 요금제 알아보기

캔바는 회원 가입을 하면 기본적으로 누구나 무료로 이용할 수 있어요. 무료 요금제로도 충분히 캔바를 활용하여 다양한 디자인을 할 수 있어요. 하지만 더 많은 프리미엄 콘텐츠와 넉넉한 용량을 이용하고 싶다면 유료 요금제로 업그레이드 후 사용하세요.

개인 및 단체 (월간 기준)

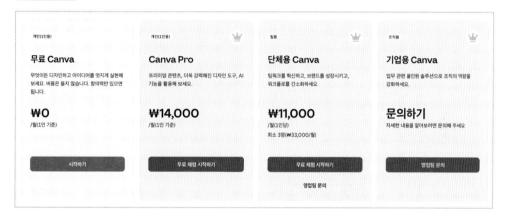

개인 및 단체 (연간 기준)

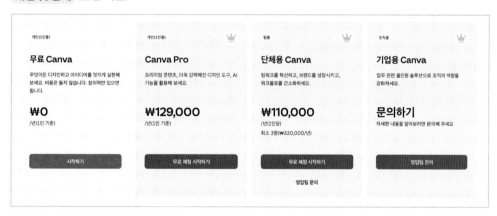

교육용

- 각 요금제는 사용자 수와 필요에 따라 다양한 기능을 제공하므로, 필요에 맞는 요금제를 선택하여 사용할 수 있습니다.

- 사용 한도 및 AI 기반 디자인 도구 제공 사항은 요금제마다 다릅니다.

- 단체 요금의 경우 사용 인원에 따라 금액이 변경됩니다.

▸ 더 자세한 내용은 아래의 QR 코드를 스캔해 참고하세요.

① 요금제 비교 및 자주 묻는 질문 확인하기(www.canva.com/ko_kr/pricing)

② 비영리단체용 신청 및 자격 요건 가이드라인 확인하기(www.canva.com/ko_kr/canva-fornonprofits/)

① 요금제 비교 및　　　② 비영리단체용 신청 및 자격
　　질문 확인하기　　　　　요건 가이드라인 확인하기

1.4 캔바 회원 가입하기

캔바는 크롬 브라우저에 최적화되어 있어요. 크롬 브라우저가 설치되어 있지 않은 분들은 먼저 크롬 브라우저를 설치해 주세요. (www.google.com/chrome/)

01 크롬 브라우저에서 캔바(www.canva.com)에 접속한 다음, 오른쪽 상단의 **[가입]** 을 클릭합니다.

02 캔바 이용 약관 팝업창이 열리면 모든 항목에 동의한 후 **[동의 및 계속하기]**를 클릭합니다.

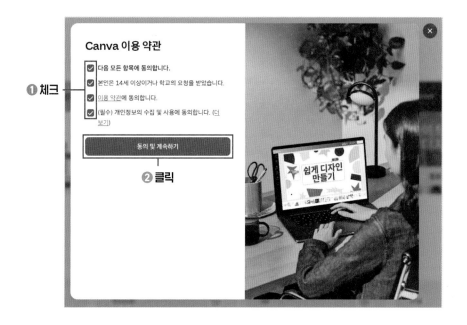

03 캔바는 구글, 페이스북 그리고 다양한 이메일 계정으로 가입할 수 있습니다. 원하는 방법을 선택하면 됩니다. 이때 선택한 이메일 주소가 캔바의 로그인 아이디 가 됩니다.

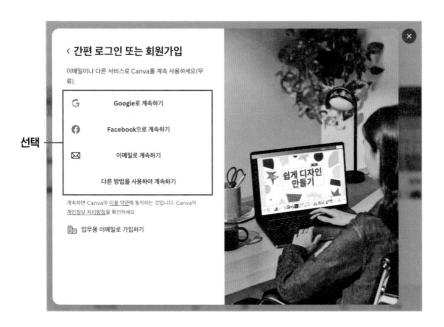

04 캔바의 사용 목적을 선택하는 화면이 나타나면 해당 항목을 선택한 후 다음 으로 넘어갑니다.

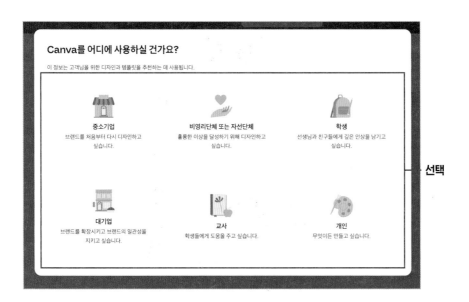

1.5 캔바 Pro 무료 체험하기

캔바에 가입하면 기본적으로 무료 회원이 되며, 유료 버전인 캔바 Pro를 구독하면 더 많은 템플릿과 요소 외에 사진의 배경 제거 등 고급 기능을 사용할 수 있습니다. 캔바는 30일간 유료 버전을 무료로 체험할 기회를 제공하고 있어요. 무료 체험을 이용할 분들은 **[무료 체험 시작하기]**를 클릭하고, 이용하지 않을 분들은 **[나중에 하기]**를 클릭합니다.

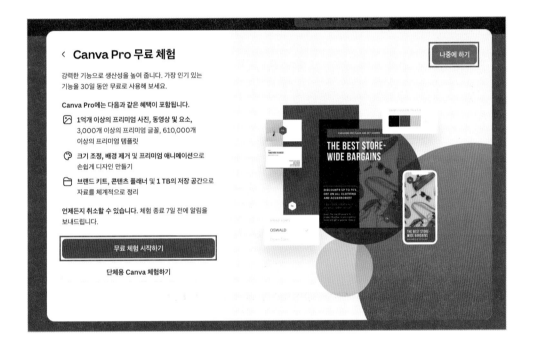

01 캔바에 로그인한 후 화면 좌측 상단에 표시된 **[Pro 무료로 30일 사용해보기]**를 클릭합니다. (*위에서 '나중에 하기'를 클릭했을 경우)

02 [30일 무료로 사용해 보기]를 클릭합니다.

클릭 ──

03 [연간]과 [월간] 중 원하는 구독 형태를 선택합니다. 오른쪽에는 무료 체험 시작 일자(오늘)를 기준으로 언제부터 결제가 시작되는지 보여줍니다. 첫 결제는 30일 무료 체험이 끝난 후 진행되므로 무료 체험 기간 중 구독을 취소하면 결제는 진행되지 않습니다.

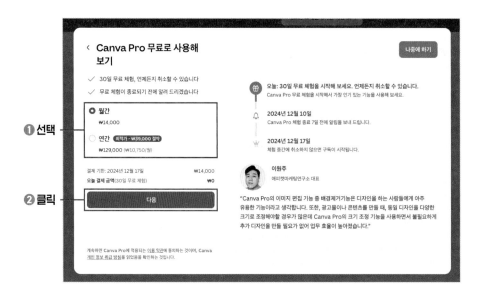

❶ 선택 ──

❷ 클릭 ──

04 결제할 카드 정보를 입력하고 **[무료 체험하기]**를 클릭합니다.

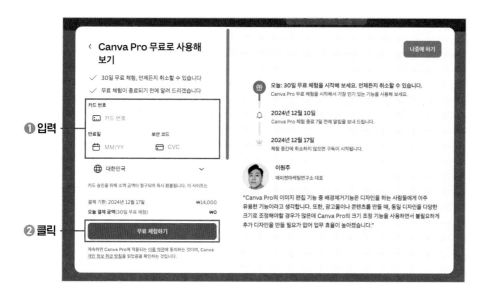

05 무료 체험 30일 종료 후 결제 진행을 원하지 않는다면 캔바 홈화면에서 우측 상단의 ⚙️**[설정]**을 클릭합니다.

06 [청구 및 요금제] 클릭 – [요금제 변경]의 오른쪽 ⋯ 클릭 – [요금제 해지]를 클릭하면 무료 체험 시작일로부터 30일째에 자동으로 해지됩니다.

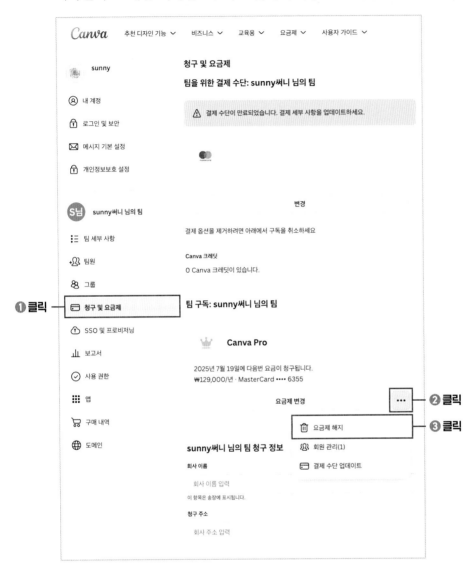

1.6 캔바 홈화면 살펴보기

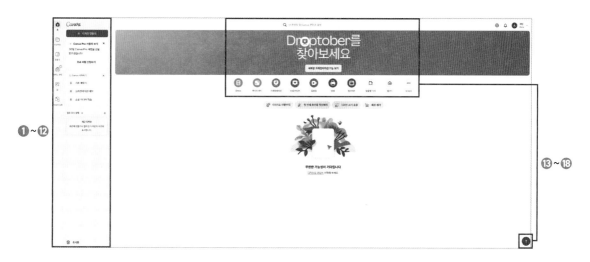

❶~⓬

⓭~⓲

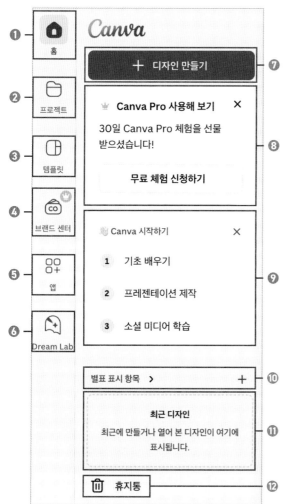

❶ 홈

❷ 프로젝트

❸ 템플릿

❹ 브랜드 센터

❺ 앱

❻ Dream Lab

Canva

+ 디자인 만들기 ❼

👑 **Canva Pro 사용해 보기** ✕

30일 Canva Pro 체험을 선물 받으셨습니다!

무료 체험 신청하기

❽

🌿 Canva 시작하기 ✕

1 기초 배우기

2 프레젠테이션 제작

3 소셜 미디어 학습

❾

별표 표시 항목 › + ❿

최근 디자인
최근에 만들거나 열어 본 디자인이 여기에 표시됩니다.

⓫

🗑 휴지통 ⓬

① **홈**: 캔바에 접속하면 가장 먼저 나오는 화면입니다. 클릭하면 언제든지 홈화면으로 돌아옵니다.

② **프로젝트**: 사용자가 작업한 모든 프로젝트를 관리할 수 있는 곳입니다. 이곳에서 폴더를 생성하거나 기존의 디자인을 정리할 수 있습니다. 우측 상단의 **[새 항목 추가]** - **[폴더]** - **[폴더 이름]** 입력 - **[계속]**을 누르면 폴더가 생성됩니다. 생성된 폴더에 마우스를 올려보면 별 아이콘이 표시됩니다. 여기를 클릭하면 좌측 메뉴의 ⑩**[별표 표시 항목]**에 추가됩니다. 직접 작업한 디자인도 같은 방법으로 목록으로 관리할 수 있습니다.

③ **템플릿**: 캔바에서 제공하는 다양한 템플릿을 검색할 수 있는 화면입니다. Pro 이용자는 '디즈니 컬렉션 둘러보기'의 **[템플릿 둘러보기]**를 클릭해 디즈니 템플릿을 이용할 수 있습니다.

④ **브랜드 센터**: 브랜드 일관성을 유지하고 팀과 협력하여 디자인 작업을 효율적으로 진행할 수 있도록 도와주는 기능입니다. 이 메뉴는 캔바 Pro 이상의 유료 요금제 사용자에게 제공됩니다. 기업이나 팀에서 또는 퍼스널 브랜딩을 위해서 일관된 브랜드 이미지를 유지하기 위해 필요한 모든 요소를 한곳에서 관리할 수 있게 해줍니다.

⑤ **앱**: 캔바 내에서 사용 가능한 다양한 앱과 플러그인을 통해 디자인 작업을 확장하고 강화할 수 있는 기능을 제공합니다. 이 메뉴를 통해 사용자는 캔바의 기본 기능을 넘어서는 다양한 추가 기능과 콘텐츠를 사용할 수 있습니다. **[앱]** 메뉴는 디자인 에디터 화면에서도 이용할 수 있습니다. 주요 앱의 기능 설명은 '3장 캔바 AI와 유용한 앱 알아보기'(p.126)에서 자세히 다루고 있습니다. 3장을 참고해 주세요.

⑥ **DreamLab**: AI 이미지를 생성하는 메뉴입니다. 이미지를 설명하는 글을 입력합니다. 그리고 **[스마트]**에서 그림 스타일을 설정하고 **[1:1]**에서 비율을 설정 후 **[만들기]**를 클릭하면 4장씩 이미지를 생성해줍니다. 4장 중 마음에 드는 이미지에 마우스를 올리고 우측 상단 ⋯를 클릭하면 **[디자인 만들기]**, **[이미지 편집]**, **[이미**

지 삭제]를 선택할 수 있습니다. 또한 해당 이미지를 다운로드하거나 **[편집]**을 클릭하여 편집할 수 있습니다.

화면의 우측 상단에 크레딧 개수가 표시됩니다. Pro버전에서는 매월 500개의 크레딧이, 무료 버전에서는 매월 20개의 크레딧이 제공됩니다.

⑦ **디자인 만들기**: 새로운 디자인을 시작할 수 있는 버튼입니다.

⑧ **Canva Pro 사용해보기**: [Canva Pro 무료 체험] 선택창에서 **[나중에 하기]**를 선택한 경우, 이 버튼을 클릭해 30일 Canva Pro 무료 체험을 시작할 수 있어요.

⑨ **Canva 시작하기**: 캔바 사용 방법 가이드를 보여주고 있어요. 가이드대로 따라하여 사용 방법을 익힐 수 있어요.

⑩ **별표 표시 항목**: 별 아이콘을 클릭한 디자인 또는 폴더가 표시됩니다.

⑪ **최근 디자인**: 최근에 만들었거나 열어본 디자인이 표시됩니다. 이곳에는 메인 화면의 **[최근 디자인]**이 목록으로 정리됩니다. 낫표로 열고 닫을 수 있어요.

⑫ **휴지통**: 삭제된 디자인을 확인하고 복원할 수 있는 메뉴입니다.

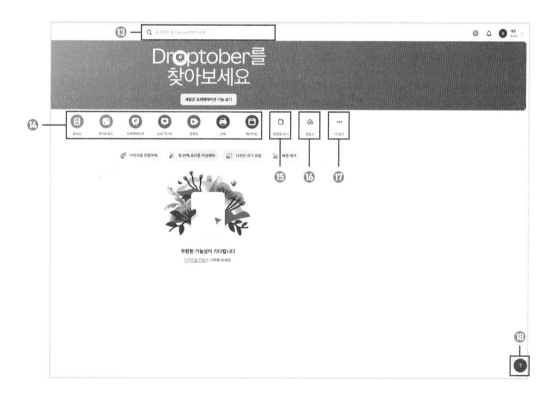

⑬ **상단 메인 검색바**: '내 콘텐츠 및 Canva 콘텐츠 검색'이라고 적힌 검색창입니다. 이곳에서 특정 템플릿, 이미지, 프로젝트 등을 빠르게 검색할 수 있습니다.

⑭ **메인 배너**: 화면 중앙에 다양한 디자인 카테고리로 바로 이동할 수 있는 버튼이 있습니다. 예를 들어 **[Docs]**, **[화이트보드]**, **[프레젠테이션]**, **[소셜 미디어]**, **[동영상]**, **[인쇄]**, **[웹 사이트]** 등이 있습니다. 각 버튼을 클릭하면 해당 유형의 디자인 템플릿 목록으로 이동합니다.

⑮ **맞춤형 크기**: 가로 크기, 세로 크기, 단위를 입력하여 원하는 사이즈의 캔버스를 설정할 수 있습니다.

⑯ **업로드**: 사진, 문서, 파일, 동영상을 업로드하여 디자인에 활용할 수 있습니다.

⑰ **더 보기**: 캔바에서 제공하는 다양한 템플릿을 더 자세하게 탐색할 수 있습니다.

⑱ **Canva에 질문하기**: 캔바를 사용하면서 생기는 문제나 궁금증을 해결할 수 있습니다.

잠시만요!

브랜드 센터 살펴보기

[브랜드 센터]를 클릭하면 왼쪽 패널에 [브랜드 키트], [브랜드 템플릿], [브랜드 관리]가 나옵니다.

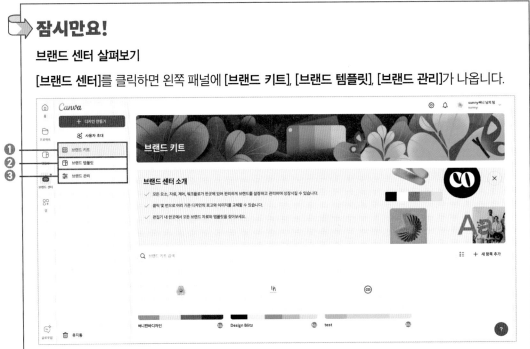

① **브랜드 키트**: 브랜드 디자인의 통일성을 유지할 수 있도록 대표 글꼴, 색상, 로고 등을 미리 등록해 두는 기능입니다. 브랜드 키트에 등록한 요소들은 이후 디자인을 진행하면서 바로 적용할 수 있어 편리합니다.

② **브랜드 템플릿**: 템플릿의 사이즈를 지정하여 자주 사용하는 디자인 템플릿을 만들어두고 필요할 때마다 날짜나 내용만 바꿔서 활용할 수 있는 메뉴입니다. 팀의 브랜드 일관성을 유지하는 콘텐츠를 빠르게 만들 수 있습니다.

③ **브랜드 관리**: 팀원을 추가하여 함께 관리할 수 있고, 색상 제어와 글꼴 제어를 통해 브랜드 색상과 글꼴만을 사용하도록 제어할 수 있는 메뉴입니다. 디자인 게시 전에 팀원의 디자인을 승인할 수도 있습니다.

1.7 캔바 템플릿 종류 살펴보기

캔바는 다양한 디자인 요구를 충족시키기 위해 개인적인 사용부터 비즈니스, 교육, 마케팅 등 다양한 분야에 활용 가능한 수천 개의 템플릿을 제공합니다. 이 템플릿들은 사용자의 목적과 필요에 맞춰 손쉽게 커스터마이즈할 수 있기 때문에 디자인에 익숙하지 않은 사람들도 빠르고 쉽고 퀄리티 높은 작업을 할 수 있게 도와줍니다.

인스타그램 게시물(정사각형)

💡**TIP** 인스타그램 피드, 카드 뉴스, 블로그 썸네일로도 사용 가능합니다.

인스타그램 스토리

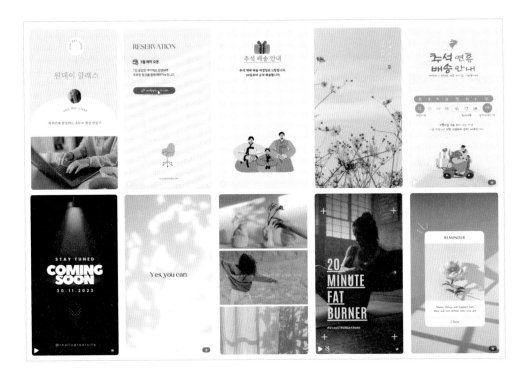

인스타그램 릴스

페이스북 게시물

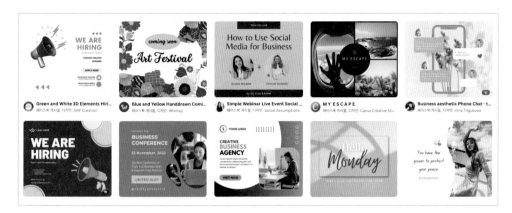

페이스북 커버

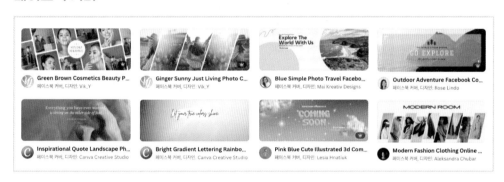

틱톡 동영상

유튜브 동영상

명함

로고

전단지

포스터

상세 페이지

브로슈어

메뉴판

북커버

뉴스레터

플래너

이력서

편지지/메모장

포토북

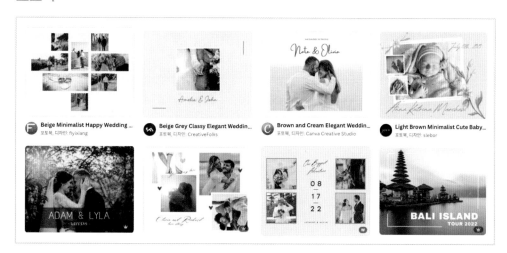

현수막

스티커

이 외에도 다양한 템플릿들이 있습니다. 캔바에서 확인해주세요.

1.8 캔바 템플릿 이용하기

캔바에서 템플릿을 사용하는 방법에는 여러 가지가 있습니다. 각 방법을 통해 사용자는 자신의 필요에 맞는 템플릿을 쉽게 찾고, 디자인 작업을 시작할 수 있습니다.

상단 검색바를 사용하여 템플릿 검색 및 이용하기

사용법

❶ 캔바 홈화면 상단 검색바를 클릭합니다.

❷ 원하는 템플릿 유형(예: [인스타그램 게시물], [프레젠테이션], [명함], [로고] 등)이나 특정 키워드(예: 생일 초대장, 여름 테마, 홍보 등)를 입력합니다.

❸ 검색 결과로 나타나는 다양한 템플릿 옵션 중에서 마음에 드는 템플릿을 클릭하여 **[이 템플릿 맞춤 편집하기]**를 클릭한 후 편집 화면으로 이동합니다.

❹ 필요에 따라 텍스트, 이미지, 색상 등을 편집하여 원하는 디자인을 완성합니다.

장점

· 입력한 키워드와 관련된 다양한 사이즈의 템플릿을 한눈에 살펴볼 수 있습니다.

· **[모든 필터]**의 다양한 필터 옵션(예: **[색상]**, **[스타일]**, **[테마]** 등)을 사용하여 검색 결과를 더욱 세부적으로 좁힐 수 있습니다.

필터 기능 이용해서 템플릿 선택하기

01 상단의 이미지엔 내가 제작한 디자인이 보이고 하단 이미지엔 캔바의 템플릿이 보입니다. [Canva 템플릿]을 클릭하시면 캔바의 템플릿만 볼 수 있고, [모든 콘텐츠]를 클릭하면 내가 그동안 작업한 콘텐츠만 볼 수 있습니다.

캔바 템플릿

02 [Canva 템플릿]을 클릭한 화면입니다. 다양한 템플릿들이 보입니다. **[모든 필터]** 기능은 검색 결과를 세부적으로 좁히고 특정한 스타일이나 조건을 갖춘 템플릿을 찾고자 할 때 유용합니다.

① [Canva 템플릿] 클릭

② [모든 필터] 클릭

③ 선택

03 [카테고리] 기능은 특정 작업 유형이나 디자인 목적에 맞는 템플릿을 쉽게 탐색할 수 있도록 도와줍니다.

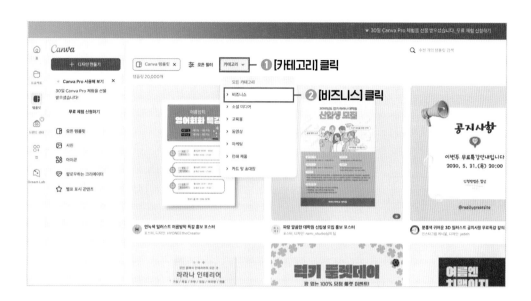

04 저는 [모든 필터]에서 [비즈니스]의 [전단지], [내 언어만]을 체크한 후, [적용]을 클릭해봤습니다.

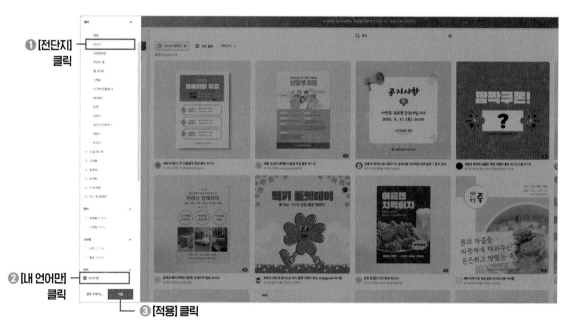

TIP [내 언어만]을 클릭하면 한국어 템플릿만 필터링하여 볼 수 있습니다.

05 체크한 항목에 해당되는 템플릿들이 필터링되어 보입니다. 새로 제작된 템플릿들이 업데이트되는 과정에서 템플릿의 위치는 수시로 바뀝니다.

선택

06 원하는 템플릿을 클릭 후, [이 템플릿 맞춤 편집하기]를 클릭하여 디자인 편집 캔버스로 이동합니다.

[이 템플릿 맞춤 편집하기] 클릭

홈화면 좌측 메뉴바의 템플릿 메뉴를 사용하여 템플릿 선택 및 이용하기

사용법

❶ 캔바 홈화면의 좌측 메뉴바에서 **[템플릿]**을 클릭합니다.

❷ **[템플릿]** 메뉴에는 다양한 카테고리가 나열되어 있습니다.

❸ 각 카테고리를 클릭하면 해당 카테고리에 해당하는 템플릿 목록이 표시됩니다.

❹ 원하는 템플릿을 클릭하여 디자인 편집 화면으로 이동한 후, 텍스트, 이미지 등을 수정하여 완성합니다.

장점

· 디즈니 컬렉션의 템플릿을 사용할 수 있습니다. 단, 상업적 용도로는 사용할 순 없습니다.

· 다양한 카테고리의 템플릿을 살펴볼 수 있습니다.

· **[카테고리]**, **[테마]**, **[스타일]** 등을 선택해 목적에 맞는 템플릿을 고를 수 있습니다.

바로 활용하기 / 키워드를 선택해 템플릿 이용하기

이 방식을 사용하면, 인기 있거나 시즌에 맞는 템플릿을 상단의 **[키워드]**로 쉽게 탐색할 수 있습니다.

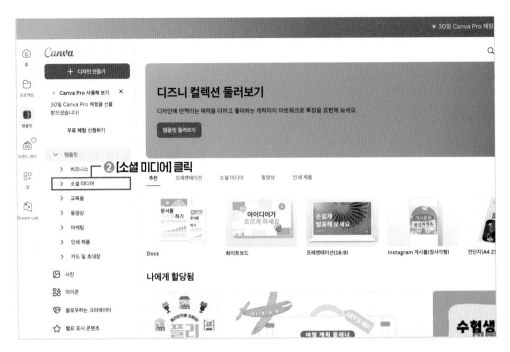

01 상단의 **[세일]**을 클릭한 화면입니다. 다양한 세일 관련 템플릿들만 필터링된 모습입니다.

선택

02 원하는 템플릿을 클릭 후, **[이 템플릿 맞춤 편집하기]**를 클릭하여 디자인 편집 캔버스로 이동합니다.

클릭

디자인 만들기를 사용하여 템플릿 선택 및 이용하기

사용법

❶ 캔바 홈화면의 좌측 메뉴바에서 [+ 디자인 만들기]를 클릭합니다.

❷ 새로운 디자인을 만들고자 하는 유형(예: [프레젠테이션], [소셜 미디어], [동영상] 등)을 선택
합니다.

❸ 선택한 디자인 유형에 맞는 템플릿이 자동으로 나타납니다.

❹ 마음에 드는 템플릿을 선택하여 디자인 편집 화면으로 이동하고, 필요에 따라 텍
스트와 이미지를 편집합니다.

장점

· 메뉴가 직관적이어서 원하는 사이즈의 캔버스를 빠르게 선택할 수 있습니다.

· 검색창에서 직접 검색하거나 [맞춤형 크기]에서 원하는 사이즈를 입력하여 작업할
수 있습니다.

· [업로드 항목]을 이용하여 이미지를 편집하거나 디자인에 사용할 수 있습니다.

01 [**+ 디자인 만들기**]를 클릭합니다.

02 저는 인스타그램 게시물을 만들기 위해 [**소셜 미디어**]를 선택 후, [**인스타그램 게시물**]을 클릭해보겠습니다. 그러면 해당 작업 화면으로 이동합니다.

메인 배너를 사용하여 템플릿 선택 및 이용하기

사용법

❶ 캔바 홈 화면의 메인 배너에는 **[디자인 만들기]** 카테고리(예: **[Docs]**, **[화이트보드]**, **[프레젠테이션]**, **[소셜 미디어]**, **[동영상]**, **[웹사이트]** 등)가 아이콘과 함께 나열되어 있습니다.

❷ 원하는 디자인 유형의 아이콘을 클릭합니다.

장점

· 직관적이고 시각적으로 설계된 카테고리 아이콘을 통해 원하는 디자인 유형에 빠르게 접근할 수 있습니다.

이 네 가지 방법을 통해 캔바 사용자는 자신의 필요에 맞는 템플릿을 선택하고 효율적으로 디자인 작업을 수행할 수 있습니다.

2장   캔바 주요 메뉴 알아보기

2.1   디자인 에디터 화면 살펴보기

캔바의 디자인 에디터 화면은 사용자가 선택한 템플릿을 편집하고 맞춤화할 수 있는 주요 도구와 기능을 제공합니다. 이 화면을 통해 사용자는 템플릿을 자신의 필요에 맞게 수정하고, 텍스트나 이미지를 추가하며, 다양한 디자인 요소를 활용하여 완성된 작품을 만들 수 있습니다

디자인 에디터 화면 구성 및 각 메뉴 설명

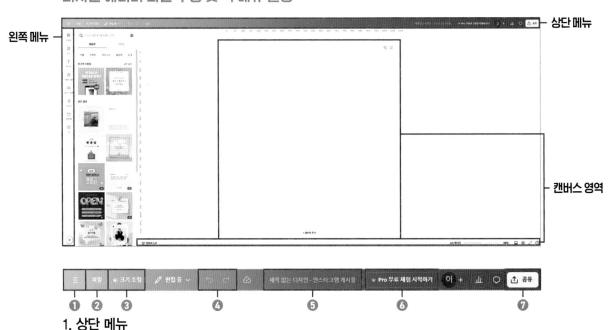

1. 상단 메뉴

① **메뉴 열기**: 사용자가 작업 중인 디자인 창의 왼쪽 메뉴를 펼치거나 접을 수 있게 하는 메뉴입니다. 왼쪽 메뉴를 펼쳤을 때 나오는 **[홈]** 메뉴나 캔바 로고를 클릭하면 홈화면으로 이동합니다.

② **파일**: [새로운 디자인 만들기], [파일 업로드], [폴더로 이동], [복사], [다운로드] 등 디자인 작업을 관리하기 위한 메뉴들이 포함되어 있습니다.

③ **크기 조정**: 현재 작업 중인 디자인의 크기를 조정할 수 있습니다. 캔바 Pro 사용자라면, 기존 디자인의 크기를 다른 형태로 변경할 수 있는 기능도 제공합니다.

④ **실행 취소/다시 실행**: 최근 작업을 취소하거나 다시 실행할 수 있는 버튼입니다.

⑤ **제목**: 현재 편집하고 있는 디자인 작업의 제목을 입력합니다. 다운로드 시, 여기에 설정한 제목으로 다운로드됩니다. 제목을 입력하지 않으면 '제목 없는 디자인'으로 다운로드됩니다.

⑥ **Pro 무료 체험 시작하기**: 캔바 Pro로 업그레이드할 수 있는 옵션을 제공합니다.

⑦ **공유**: 링크를 생성하여 디자인을 다른 사용자와 공유하거나 PNG, JPG, PDF 등의 형식으로 다운로드할 수 있는 옵션입니다.

2. 왼쪽 메뉴

① **디자인**: 현재 작업 중인 캔버스의 크기에 맞는 적용 가능한 템플릿을 보여줍니다. 또한 원하는 템플릿을 검색할 수 있는 검색창과 필터 옵션이 있습니다.

② **요소**: 다양한 디자인 요소(도형, 그래픽, 사진, 동영상, 오디오, 차트, 표, 프레임, 그리드, 스티커 등)를 추가할 수 있습니다. 이 메뉴를 통해 디자인을 더욱 다채롭고 개성 있게 꾸밀 수 있습니다.

③ **텍스트**: [텍스트 상자 추가하기] 또는 [기본 텍스트 스타일]의 [제목 추가], [부제목 추가], [약간의 본문 텍스트 추가]를 클릭하여 텍스트를 입력할 수 있습니다.

④ **브랜드 센터**: [브랜드 키트]에 저장된 로고, 글꼴, 색상 등을 불러와 현재 작업 중인 디자인에 적용할 수 있습니다. 브랜드 일관성을 유지하는 데 유용합니다.

⑤ **업로드 항목**: 사용자가 직접 이미지, 동영상, 오디오 파일 등을 업로드하여 디자인에 추가할 수 있습니다.

⑥ **Draw**: 간단한 스케치나 드로잉을 할 수 있는 그리기 도구를 제공합니다.

⑦ **프로젝트**: 사용자가 저장했던 디자인을 불러오거나 [별표 표시]를 설정해두었던 템플릿이나 요소를 불러와서 현재 작업 중인 디자인에 추가할 수 있습니다.

⑧ **앱**: 캔바 내에서 사용 가능한 다양한 플러그인 앱을 통해 디자인 작업을 확장하고 강화할 수 있는 기능을 제공합니다. 이 메뉴를 통해 사용자는 캔바의 기본 기능을 넘어서는 다양한 추가 기능과 콘텐츠를 사용할 수 있습니다.

⑨ **빠른 작업**: AI 기반 글쓰기 어시스턴트인 [Magic Write]를 이용할 수 있는 곳이며, 디자인에 어울리는 그래픽이나 사진을 추천해주기도 합니다. 사용자가 현재 사용중인 요소에 따라 유용한 기능이 표시되는 곳입니다.

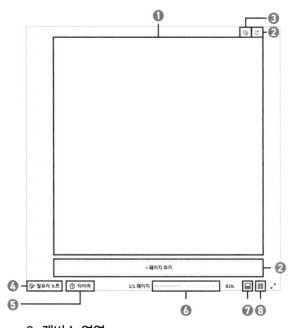

3. 캔버스 영역

① **디자인 편집 영역**: 선택한 템플릿이 표시되며, 이곳에서 직접 텍스트를 편집하거나 요소를 이동 및 조정할 수 있습니다. 모든 디자인 작업이 이 영역에서 이루어집니다.

② **페이지 추가**: 하단에 있는 [+ 페이지 추가] 또는 우측 상단 ⏻를 클릭하여 여러 페이지로 구성된 디자인을 만들 수 있습니다. 불필요한 페이지는 🗑를 클릭해 삭제할 수 있습니다.

③ **페이지 복제**: 페이지를 복제하는 버튼입니다

④ **발표자 노트**: 페이지에 대한 메모를 적을 수 있습니다. 프레젠테이션 시 [발표자 보기]에서 확인 가능합니다.

⑤ **타이머**: 타이머 기능을 이용할 수 있습니다.

⑥ **확대/축소 슬라이더**: 하단 오른쪽의 슬라이더를 왼쪽, 오른쪽으로 이동하여 디자인을 확대하거나 축소하고 세부 편집을 쉽게 할 수 있습니다.

⑦ **썸네일/스크롤뷰**: [**썸네일**]과 [**스크롤뷰**] 중에서 화면보기 방식을 선택합니다. [**썸네일**]은 여러 페이지 중 클릭한 페이지만 크게 보는 방식이며, 나머지 페이지는 하단에 작게 표시됩니다. [**스크롤뷰**]는 스크롤을 내리거나 올려 여러 페이지를 동일한 사이즈로 보는 방식입니다.

⑧ **그리드뷰**: 현재 열려 있는 디자인 에디터 화면에서 진행 중인 모든 페이지를 한눈에 확인할 수 있습니다.

2.2 상단 메뉴 자세히 살펴보기

파일

캔바의 [**파일**] 메뉴는 사용자가 디자인 작업을 보다 효율적으로 관리하고, 다양한 작업을 수행할 수 있도록 도와주는 중요한 기능들을 포함하고 있습니다. 아래는 캔바의 [**파일**] 메뉴에 있는 각 항목과 그 기능에 대한 자세한 설명입니다.

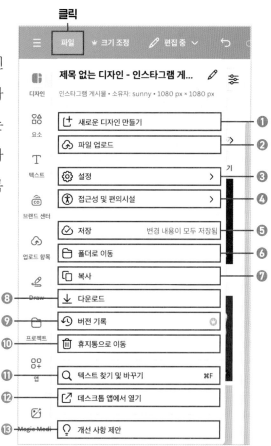

1. 새로운 디자인 만들기

· 기능 설명: 이 옵션을 선택하면 현재 작업 중인 디자인과는 별도로 새로운 디자인을 시작할 수 있는 창이 열립니다. 사용자는 또 다른 템플릿을 선택하여 새로운 프로젝트를 시작할 수 있습니다.

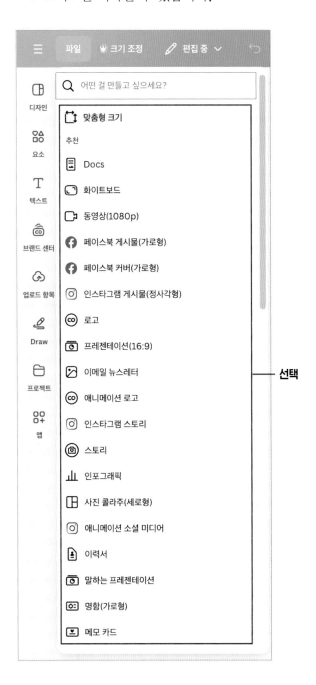

2. 파일 업로드

· 기능 설명: 사용자가 가지고 있는 사진, 문서, 파일, 동영상 등을 업로드하여 디자인할 수 있습니다.

3. 설정

· 기능 설명: [눈금자 및 가이드 표시], [여백 표시] 등의 설정을 할 수 있습니다.

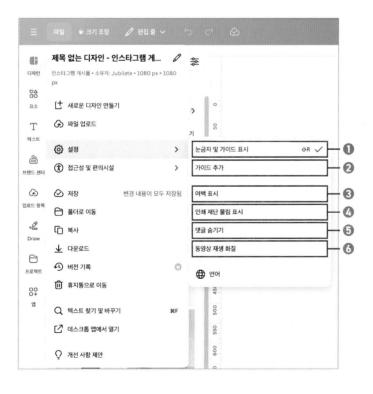

① **눈금자 및 가이드 표시**: 디자인 작업 시 정밀하게 요소를 배치하고 정렬하는 데 매우 유용한 도구입니다. 이 기능을 사용하면 디자인 요소들을 더 정확하게 배치할 수 있고, 일관된 레이아웃을 유지하는 데 도움이 됩니다.

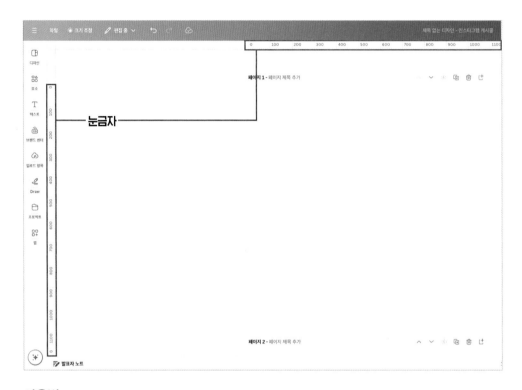

사용법

❶ 눈금자는 디자인 캔버스의 위쪽과 왼쪽 가장자리에 표시되며, 픽셀 단위로 디자인 요소를 배치할 때 기준이 됩니다.

❷ 마우스를 위쪽 또는 왼쪽에 있는 눈금자 위로 가져가서 클릭 후 원하는 위치로 드래그하면 가이드라인을 끌어낼 수 있습니다. 끌어낸 가이드라인을 캔버스의 원하는 위치에 배치하여 요소를 정렬하거나 배치할 때 참조할 수 있습니다.

❸ 가이드라인은 해당 작업 화면의 모든 페이지에 일괄 적용됩니다.

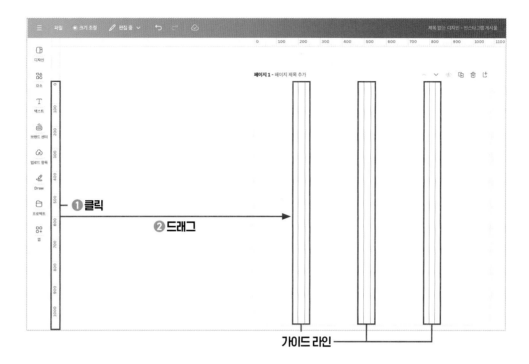

② **가이드 추가**: 행, 열, 간격, 여백의 가이드라인을 추가하는 기능입니다.

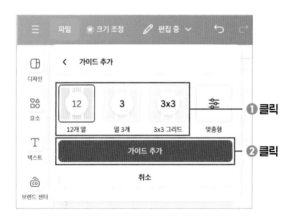

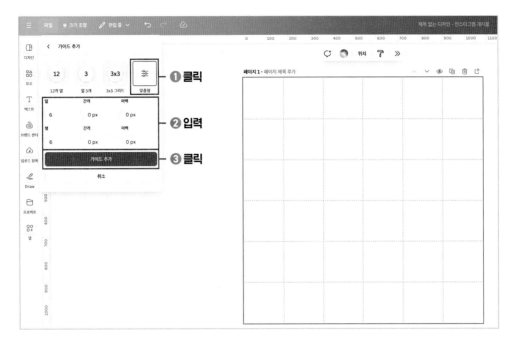

· [12개 열], [열 3개], [3×3 그리드] 중에 원하는 레이아웃이 없다면 [맞춤형]을 선택한 후 열과 행의 개수 및 간격과 여백을 직접 설정하고 [가이드 추가]를 클릭하면 됩니다.

③ **가이드 삭제**: 가이드라인을 사용한 후 디자인 작업을 모두 마쳤다면, 완성된 디자인을 깔끔하게 확인하기 위해서 가이드라인을 삭제합니다.

TIP 가이드라인 중 일부만 삭제하고 싶다면 삭제하려는 가이드라인에 마우스 커서를 가져가서 클릭 후 커서 모양이 양방향 화살표로 바뀌면 페이지의 바깥으로 드래그하여 삭제할 수 있습니다.

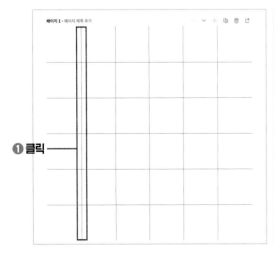

④ **가이드 잠금**: 디자인 작업 중 가이드라인이 실수로 움직이는 것을 방지하기 위해 사용됩니다. 이 기능을 사용하면 가이드라인이 고정되어 편집 도중 실수로 위치가 변경되지 않도록 할 수 있습니다.

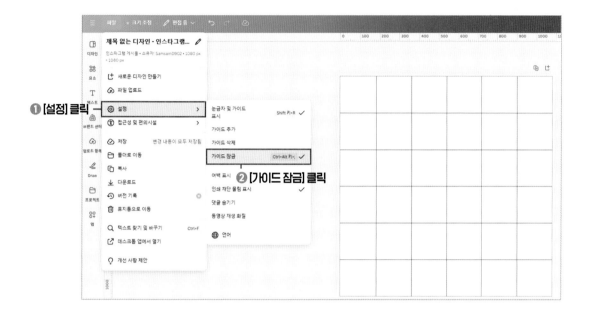

⑤ **여백 표시**: 디자인 작업 중 요소를 캔버스의 가장자리와 일정한 간격을 둬서 배치해야 할 때 사용되는 유용한 도구입니다.

⑥ **인쇄 재단 물림 표시**: 인쇄 시 인쇄물이 잘리는 공간을 표시해줍니다. 중요한 텍스트나 요소가 잘리지 않도록 배치하는 데 유용합니다.

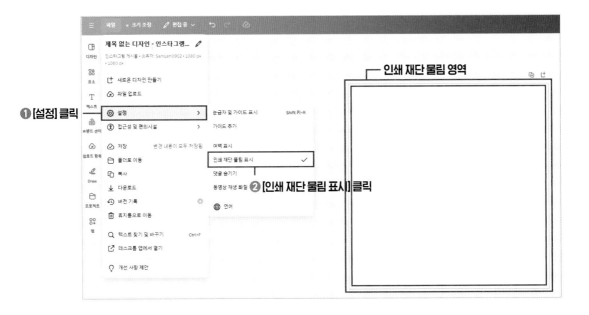

⑦ **댓글 숨기기**: 디자인 페이지에 댓글이 표시되어 있다면, 이를 숨기는 메뉴입니다.

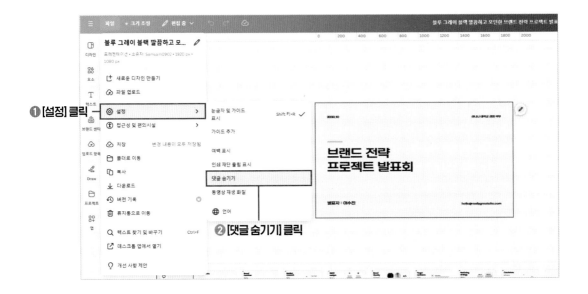

⑧ **동영상 재생 화질**: 디자인 페이지에 동영상이 있다면, 그 동영상의 화질을 설정하는 메뉴입니다.

4. 접근성 및 편의시설

이 기능을 통해 타이포그래피, 색상 대비, 대체 텍스트와 관련된 접근성 문제를 감지하고 수정할 수 있습니다. 이를 통해 시각적 또는 인지적 장애가 있는 사람들이 디자인을 더 잘 이해할 수 있도록 돕습니다. 접근성 문제가 있는 요소엔 파란색 점이 표시되고 감지된 문제를 선택하면 권장 수정 사항을 적용할 수 있습니다.

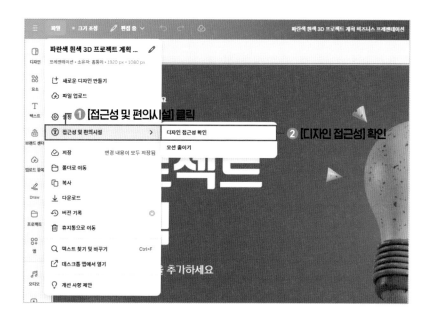

❸ 설정

5. 저장

캔바는 자동으로 디자인을 저장하는 기능이 기본적으로 활성화되어 있습니다. 사용자가 디자인 작업 중 변경 사항을 적용할 때마다 캔바는 변경 내용을 저장합니다. 이 자동 저장 기능 덕분에 사용자는 수동으로 저장하지 않아도 작업 내용을 보존할 수 있습니다. 만약 네트워크 연결 문제나 기타 이유로 저장되지 않는 경우도 간혹 발생할 수 있으므로, 중간에 한 번씩 확인해주는 것이 좋으며, 저장 상태가 적절히 업데이트되지 않으면 사용자는 이를 확인하고 수동으로 [저장]을 클릭함으로써 문제를 해결할 수 있습니다.

클릭

6. 폴더로 이동

현재 작업 중인 디자인을 특정 폴더로 이동하여 정리할 수 있습니다. 이 기능을 통해 디자인 파일을 프로젝트별, 클라이언트별, 작업 유형별 등 다양한 기준으로 분류할 수 있습니다.

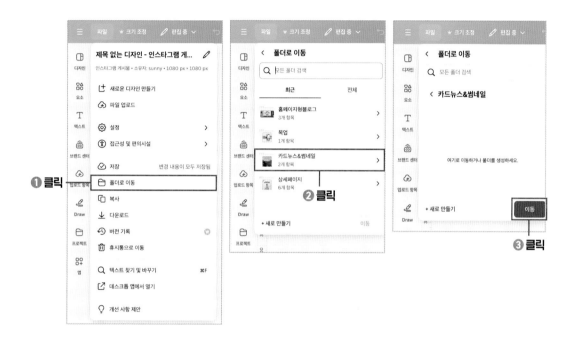

7. 복사

현재 열려 있는 디자인의 복사본을 생성합니다. 복사본은 원본 디자인과 동일한 모든 요소와 설정(텍스트, 이미지, 레이아웃 등)을 포함합니다. 복사본이 생성되면 새로운 창으로 열리며, 사용자는 이 복사본을 별도로 수정하고 작업할 수 있습니다.

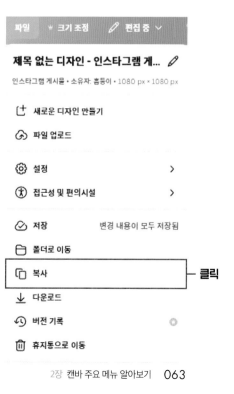

8. 다운로드

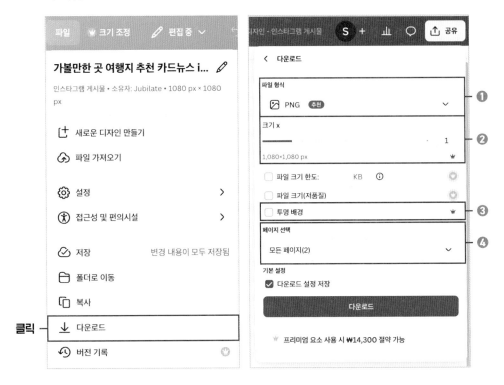

① **파일 형식**: 캔바는 여러 가지 파일 형식으로 디자인을 다운로드할 수 있는 옵션을 제공합니다. 사용자는 목적에 따라 가장 적합한 파일 형식을 선택할 수 있습니다. 주요 파일 형식은 다음과 같습니다.

· PNG: 고해상도 이미지 파일 형식으로, 투명 배경을 지원합니다. 고품질 이미지가 필요한 경우(예: 로고, 웹 그래픽) 유용합니다.

· JPG: 파일 크기가 작아서 저장 공간을 절약해야 할 때와 빠르게 전송해야 할 때 유용합니다.

· PDF 표준: 주로 문서나 간단한 인쇄 작업에 사용되며, 품질과 파일 크기 간 균형을 제공합니다.

· PDF 인쇄: 인쇄 품질에 최적화된 PDF 형식으로, 고해상도와 더불어 인쇄소 요구 사항에 맞춘 색상 프로필과 재단선을 포함할 수 있습니다.

· SVG: 벡터 형식으로, 크기를 조절해도 품질이 유지됩니다. 주로 아이콘, 로고 등 그래픽 디자인에 사용됩니다. (캔바 Pro 사용자만 다운로드할 수 있는 파일 형식입니다.)

· MP4 동영상: 비디오 파일 형식으로, 애니메이션이나 동영상 디자인을 저장할 때

사용됩니다.

- GIF: 움직이는 이미지 형식으로, 간단한 애니메이션을 만들 때 사용됩니다. 고해상도를 지원하지 않아 큰 화면에서 보거나 인쇄용으로 사용할 경우 품질이 떨어집니다.

② **크기**: 다운로드를 선택할 때 **[크기]** 옵션은 다운로드 파일의 해상도를 조절하는 데 사용됩니다. (이 옵션은 캔바 Pro 사용자에게 제공됩니다.)

③ **투명 배경**: PNG 형식으로 다운로드할 때 **[투명 배경]** 옵션을 선택할 수 있습니다. 배경을 제거하여 다운로드 시 매우 유용합니다. (이 옵션은 캔바 Pro 사용자에게 제공됩니다.)

④ **페이지 선택**: 여러 페이지로 구성된 디자인을 작업할 때, 특정 페이지만 선택하여 다운로드할 수 있습니다. 이 기능을 사용하면 필요한 페이지만 다운로드할 수 있습니다. 사용자는 **[페이지 선택]**의 **[체크 박스]**를 클릭해 모든 페이지 혹은 특정 페이지를 지정할 수 있습니다.

9. 버전 기록

이전에 저장된 버전들을 확인하거나 원하는 버전으로 되돌릴 수 있습니다. 단, 캔바 Pro 사용자만 이용 가능합니다.

10. 휴지통으로 이동

해당 디자인을 보관하지 않고 휴지통으로 이동합니다. 30일 이내에 복원할 수 있는데, 30일이 지나면 휴지통에서 자동으로 삭제됩니다.

클릭

11. 텍스트 찾기 및 바꾸기

디자인에 포함된 텍스트 요소에서 특정 단어나 구문을 빠르게 찾아 다른 텍스트로
한 번에 바꾸는 데 사용됩니다. 이는 특히 긴 문서나 여러 페이지로 구성된 디자인
에서 동일한 텍스트를 반복적으로 수정해야 할 때 매우 유용합니다.

12. 데스크톱 앱에서 열기

캔바의 앱 버전으로 이용 시 다운로드 메뉴로 이동됩니다.

13. 개선 사항 제안

개선사항을 제안하거나 도움이 필요시 지원팀에 문의할 수 있습니다.

크기 조정

이 메뉴는 Pro 버전에서 이용 가능합니다. 현재 작업 중인 디자인을 다른 사이즈로 변경할 수 있습니다.

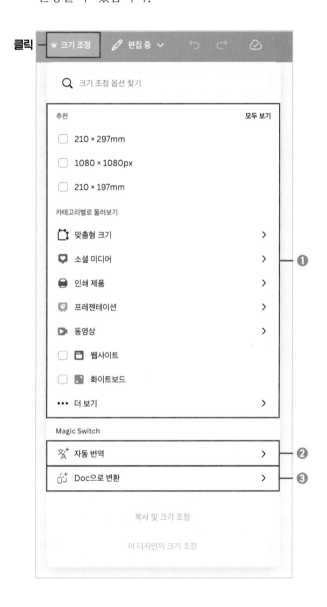

1. 크기 조정

여러 카테고리에서 선택하거나 **[맞춤형 크기]**에 원하는 사이즈의 단위와 숫자를 직접 입력하여 캔버스의 크기를 맞추고 작업할 수 있습니다.

01 다양한 카테고리 중에서 원하는 카테고리를 선택합니다. 저는 **[소셜 미디어]**를 선택해보겠습니다.

❶ **[크기 조정] 클릭**

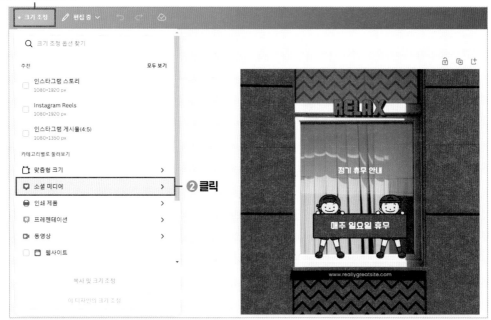

- 템플릿 이름: 빨간색 블랙 강렬한 휴무 공지 인스타그램 포스트
- 템플릿 크리에이터: GOODD(@goodart)

02 다양한 소셜 미디어 사이즈가 보입니다. 이 중에서 저는 [**인스타그램 스토리**]를 선택해보 겠습니다. 하단의 [**복사하기 및 크기 조정**]을 클릭하세요.

03 [**스토리 열기**]를 클릭합니다.

04 그러면 이렇게 인스타그램 스토리 사이즈로 크기가 변경되었습니다. 텍스트와 요소의 크기 및 위치를 조정하여 사이즈에 맞게 배열하면 완성입니다.

텍스트, 요소 크기 및 위치 조정

2. 자동 번역

'3.9 자동 번역'(p.156)에서 자세히 다루고 있습니다. 3장을 참고하세요.

3. Doc으로 변환

현재 작업 중인 디자인을 Microsoft Word(.docx) 문서 형식으로 변환할 수 있습니다. 디자인을 문서로 변환하여, 문서 편집 소프트웨어에서 더 세부적인 텍스트 편집 작업을 수행할 수 있습니다. Pro 이용자만 사용 가능합니다.

01 이 템플릿을 선택하고 **[크기 조정]** – **[Doc으로 변환]**을 클릭합니다.

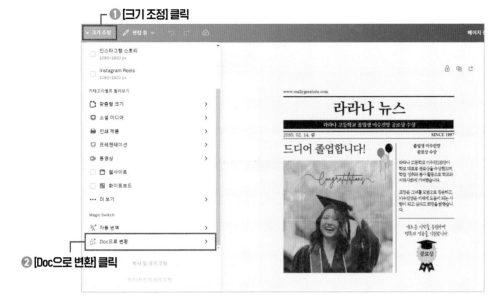

- 템플릿 이름: 베이지 진한 블루 심플한 졸업 신문 인스타그램 포스트
- 템플릿 크리에이터: GOODD(@goodart)

02 **[다음으로 변환]**에서 ⋯ 을 클릭하여 보기 형식 중에 적절한 형식을 선택하거나 원하는 형식을 입력하세요.

03 저는 '유익하고 창의적인 블로그 게시물'이라고 입력해보았습니다. 그리고 [**Doc으로 변환**]을 클릭합니다.

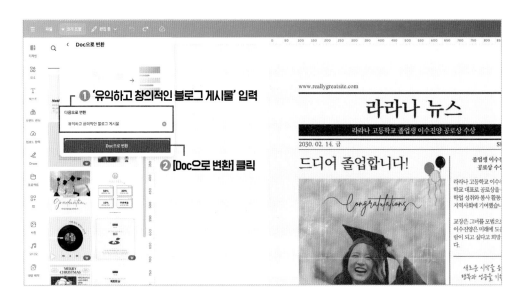

04 [**Docs 열기**]를 클릭하세요.

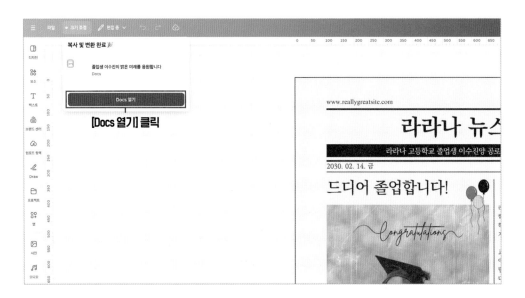

05 Docs 형식으로 변환된 새 창이 열립니다.

06 수정할 사항이 있다면 더블클릭하여 수정할 수 있고 **[디자인]** 메뉴의 템플릿으로 디자인을 이용할 수 있습니다. 또한 **[+]** 버튼을 클릭하여 **[표]**, **[차트]**, **[구분선]**, **[하이라이트 블록]**을 삽입하거나 [페이지 나누기] 등을 통해 디자인을 추가할 수 있습니다.

클릭 ─────

공유

사용자가 디자인을 다른 사람들과 쉽게 협업하거나 공유할 수 있도록 다양한 옵션을 제공하는 기능입니다.

1. 액세스 권한이 있는 사용자

01 현재 디자인 작업을 다른 사람과 공유할 수 있습니다. 공유하고 싶은 사람의 캔바 계정 이메일 주소를 입력하면 **[편집 가능]**, **[댓글 가능]**, **[보기 가능]** 중에서 선택하여 공유가 가능합니다. 공동 편집을 원한다면 **[편집 가능]**으로 공유하면 공유한 사람도 동시에 디자인 편집이 가능합니다.

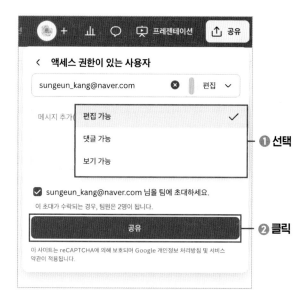

02 **[협업 링크]** - **[링크가 있는 모든 사용자]**를 선택하면 해당 링크를 가진 사람 누구나 이 디자인에 접근할 수 있습니다.

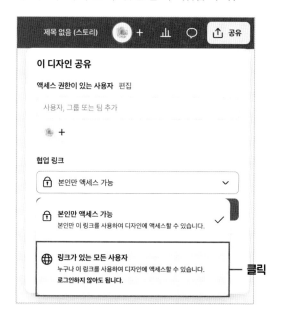

03 여기에서도 마찬가지로 **[보기 가능]**, **[댓글 가능]**, **[편집 가능]**으로 권한을 부여할 수 있습니다. 공동 편집을 원한다면 **[편집 가능]**을 선택하면 됩니다.

04 **[링크 복사]**를 클릭하여 공유하려는 사람에게 전달하면 됩니다.

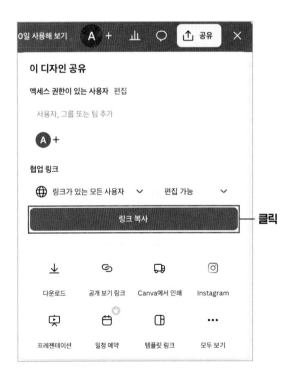

해당 메뉴는 템플릿의 종류에 따라 약간씩 다를 수 있습니다.

2. 다운로드

본문 64쪽('8. 다운로드')에서 설명했습니다. 자세한 설명은 해당 부분을 참고하세요.

3. 공개보기 링크

누구든지 이 디자인을 보기 전용 버전으로 확인할 수 있도록 링크를 생성하여 공유할 수 있습니다. 링크를 공유받은 사람은 별도의 로그인 없이 보기 전용으로 확인 가능합니다.

4. Canva에서 인쇄

자기 만든 디자인을 제품에 적용할 수 있는 메뉴입니다. 명함, 카드, 전단지 등 **[제품 카탈로그]**에서 인쇄 종류를 클릭하고, **[용지 유형]**, **[인쇄 마감]**, **[수량]**을 선택한 후 결제까지 완료하면 영업일 기준 2~3일 내로 내 디자인이 적용된 제품을 수령할 수 있습니다.

5. Instargram

본인의 스마트폰에 캔바 디자인을 공유하여 스마트폰에서 인스타그램에 업로드할 수 있는 메뉴입니다. 이때 스마트폰에는 캔바 앱이 설치되어 있어야 하며, PC 버전과 동일한 아이디로 접속되어 있어야 합니다. 아이디가 다른 경우 공유하는 계정으로 권한 요청을 해야 합니다. **[모바일 앱에서 바로 게시]**를 클릭 후 QR 코드가 생성되면 스마트폰의 카메라로 스캔하여 이용합니다.

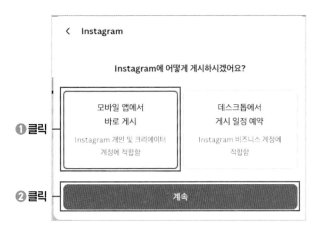

❶ 클릭
❷ 클릭

❸ 스캔

6. 프레젠테이션

프레젠테이션 화면으로 전환하여 이용할 수 있습니다.

7. 템플릿 링크

링크를 생성하는데, 이 링크를 공유받은 사람들은 각자 독립적으로 편집할 수 있습니다.

8. 모두 보기

디자인을 공유할 수 있는 모든 옵션을 확인할 수 있습니다.

2.3 왼쪽 메뉴 자세히 살펴보기

디자인

[템플릿] ─
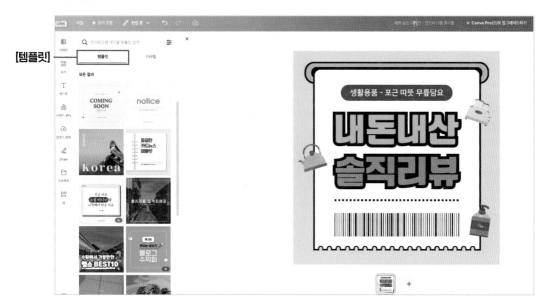

1. 템플릿

템플릿이 모여 있는 메뉴입니다. 상단의 검색창을 사용해 특정 용도나 테마에 맞는 템플릿을 검색할 수 있습니다. 템플릿을 선택하여 텍스트나 요소 등의 디자인을 추가하거나 변경하여 원하는 대로 편집할 수 있습니다. Pro 템플릿은 왕관 아이콘으로 표시되어 있습니다. 무료 버전 이용자는 왕관이 없는 템플릿을 이용합니다.

2. 스타일

스타일에서는 현재 템플릿의 레이아웃은 마음에 들지만 색상이나 폰트를 변경하고 싶을 때 손쉽게 조화로운 색상과 폰트를 적용할 수 있는 기능입니다. **[스타일]** 메뉴를 이용할 땐, 상단 검색창에 글자가 입력되지 않아야 합니다.

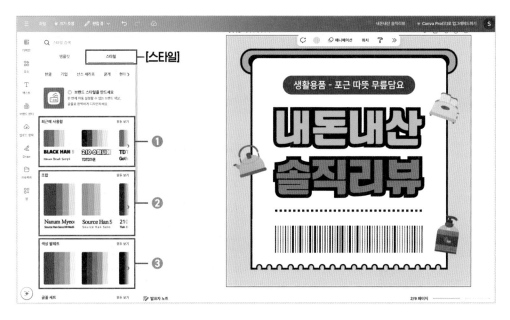

① **최근에 사용함**: 최근에 사용한 팔레트가 있다면 표시됩니다.

② **조합**: [글꼴 세트]와 [색상 팔레트]를 한 번에 적용할 수 있는 기능입니다. 동일한 조합을 여러 번 클릭하면 셔플로 그 안에 있는 색상이 클릭할 때마다 돌아가면서 변경되어 색상 조합이 다르게 나타나도록 할 수 있습니다. 적용된 글꼴이나 색상 중 일부가 마음에 들지 않으면 디자인의 개별 요소를 클릭하여 원하는 대로 수정할 수 있습니다. 우측의 **[모두 보기]**를 클릭하면 더 많은 조합 팔레트를 확인할 수 있습니다.

③ **색상 팔레트**: 디자인의 색상 조합을 쉽게 변경할 수 있는 기능입니다. 사용하고 싶은 **[색상 팔레트]**를 클릭하면, 디자인의 모든 요소(텍스트, 배경, 그래픽 등)에 그 **[색상 팔레트]**가 적용됩니다. 동일한 **[색상 팔레트]**를 여러 번 클릭하면 셔플로 그 안에 있는 색상이 클릭할 때마다 돌아가면서 변경되어 색상 조합이 다르게 나타나도록 할 수 있습니다. 팔레트를 적용한 후에도 특정 요소의 색상을 직접 변경할 수 있습니다. 변경하려는 요소를 클릭하고 상단의 **[색상]** 옵션을 통해 세부적으로 조정할 수 있습니다. 우측의 **[모두 보기]**를 클릭하면 더 많은 **[색상 팔레트]**를 확인할 수 있습니다.

Note

일관성 유지: **[조합]**과 **[색상 팔레트]** 기능을 사용하면 디자인의 전체적인 일관성을 쉽게 유지할 수 있습니다. 이는 브랜드 아이덴티티를 강화하거나, 프로젝트의 특정 분위기를 강조하는 데 매우 유용합니다.

요소

요소(Elements)는 디자인에 추가할 수 있는 다양한 그래픽, 도형, 사진, 스티커, 프레임, 그리드 등을 말합니다. 요소는 디자인을 풍부하게 하고, 시각적 흥미를 더하며, 원하는 분위기를 연출하는 데 매우 중요한 역할을 합니다. 캔바의 요소는 무료와 유료로 나뉘어 있으며, 쉽게 드래그 앤 드롭 방식으로 디자인에 추가할 수 있습니다.

1. 그래픽

1) PNG(Portable Network Graphics)

PNG는 픽셀 기반의 비트맵 이미지 포맷입니다. 이는 주로 고해상도 이미지를 표현할 때 사용됩니다.

특징

- 비트맵 이미지: PNG는 픽셀로 구성된 이미지 포맷입니다. 고정된 해상도를 가지며, 크기를 조정하면 이미지가 깨지거나 흐릿해질 수 있습니다.
- 투명도 지원: PNG는 배경이 투명한 이미지를 지원하므로 로고, 아이콘, 기타 디자인 요소에 배경을 없앨 때 유용합니다.
- 고품질 이미지: PNG는 무손실 압축 방식을 사용하기 때문에 이미지 품질이 높으며, 색상이 풍부하고 디테일을 잘 유지합니다.
- 큰 파일 크기: 고해상도의 PNG 이미지는 파일 크기가 상대적으로 큰 편입니다. 이는 웹 페이지 로딩 속도에 영향을 미칠 수 있습니다.

2) SVG(Scalable Vector Graphics)

SVG는 수학적 공식을 사용하여 이미지를 정의하는 벡터 이미지 포맷입니다. 이 포맷은 크기에 상관없이 품질이 유지되며, 확장성과 편집 가능성이 높은 것이 특징입니다.

특징

- 벡터 이미지: SVG는 수학적인 선과 곡선을 사용하여 이미지를 구성하므로, 해상도에 구애되지 않고 크기를 자유롭게 조정할 수 있습니다. 크기를 늘려도 픽셀화되지 않고, 선명함을 유지합니다.
- 편집 가능: SVG 파일은 XML 기반의 텍스트 파일로, 색상, 크기, 형태 등을 손쉽게 변경할 수 있습니다.
- 작은 파일 크기: 복잡한 이미지가 아닌 한, SVG 파일의 크기는 일반적으로 작기 때문에 웹에서 빠르게 로딩됩니다.

01 **[요소]** 상단 검색창에 찾고 싶은 요소를 검색합니다. 저는 '꽃'이라고 검색했습니다. 그러면 꽃과 관련된 다양한 요소들이 나옵니다. 여기서 그래픽을 사용할 것이므로 **[그래픽]**을 클릭해보겠습니다.

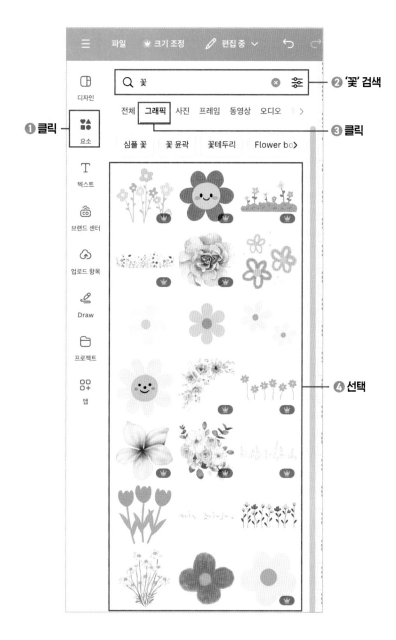

02 캔바에서는 어떤 게 PNG 요소이고, 어떤 게 SVG 요소인지 기재되어 있지 않습니다. 그래픽 요소 이용 시 선택한 요소의 상단에 색상을 변경할 수 있는 메뉴가 보인다면 SVG 요소로 보면 되고, 안 보인다면 PNG 요소라고 보면 됩니다.

① SVG 요소

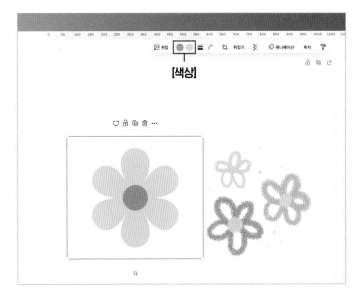

② PNG 요소

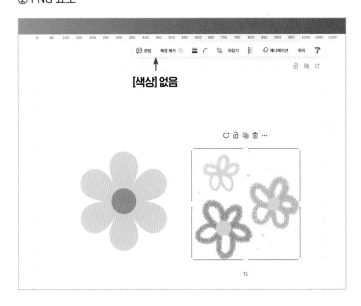

03 SVG 요소의 색상을 변경하는 방법은 해당 요소 클릭 – 상단의 **[색상]**을 클릭하면 좌측에 **[색상 팔레트]**가 나옵니다.

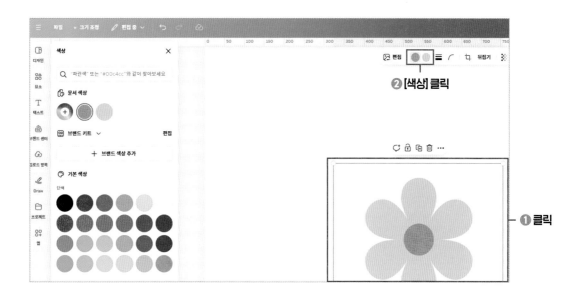

04 **[문서 색상]**의 **[+]** 버튼을 누르면 명도, 채도를 조절하여 더 다양한 색상을 사용할 수 있으며, 선택한 색상의 컬러 코드가 표시됩니다. 원하는 색상의 컬러 코드를 알고 있다면 컬러 코드를 복사하여 붙여넣기 하면 원하는 색상을 정확히 적용할 수 있습니다.

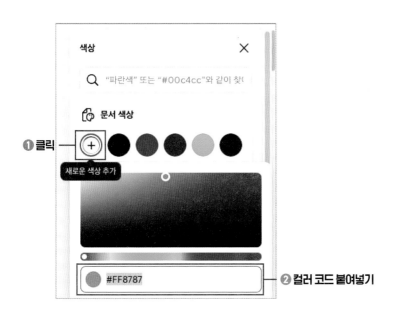

05 SVG 요소의 색상을 이와 같이 변경했습니다.

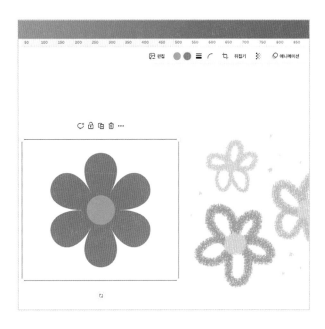

06 검색어 오른쪽 ⚖️ 을 클릭하여 [**애니메이션**]에 체크하면 [**움직이는 그래픽(스티커)**]만 필터링돼 보입니다. 다운로드 시에는 파일 형식 [**GIF**] 또는 [**MP4 동영상**]으로 설정합니다.

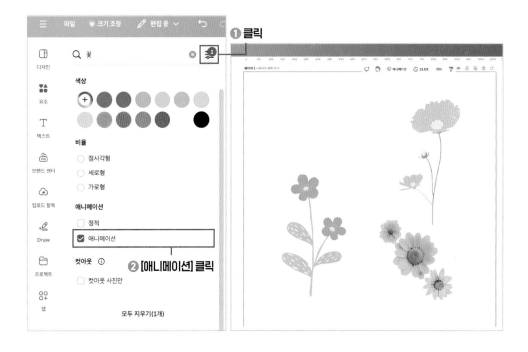

2. 도형

다양한 라인과 도형이 있습니다. 사진이나
일러스트와 같은 요소는 주로 시각적 콘텐
츠를 전달하는 역할을 하지만, 도형은 디
자인의 구조적 요소로서 레이아웃을 만들
고 콘텐츠를 조직화하는 데 중요한 역할을
합니다.

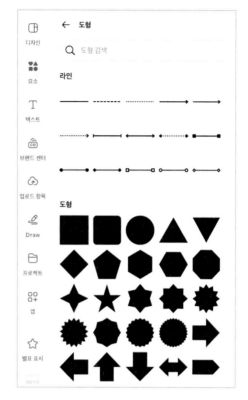

위의 다양한 라인들 중 가장 기본 라인을 가져왔습니다. 사실 다른 라인들은 이 기
본 라인에서 변형한 형태입니다. 라인의 메뉴에 대해 알아보겠습니다. 라인을 선택
해서 페이지에 추가한 모습입니다.

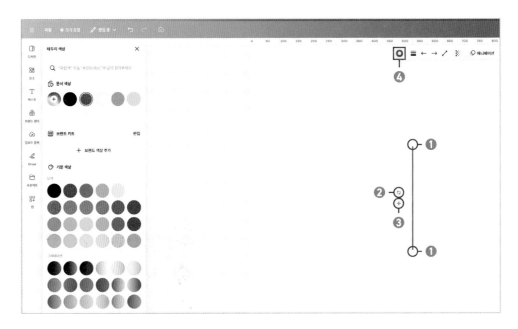

① **양쪽 앵커**: 선의 양쪽으로 흰색 동그라미의 앵커가 보입니다. 이 앵커를 이용하여 선의 끝선을 각각 이동함으로써 선의 길이 또는 방향을 조절할 수 있습니다.

② **회전**: 아이콘을 클릭하고 마우스를 드래그하여 라인을 원하는 각도로 회전시킵니다.

③ **이동**: 아이콘을 클릭하고 마우스를 드래그하여 라인을 원하는 곳으로 이동시킵니다.

④ **선 색상**: 클릭하면 페이지의 왼쪽에 색상 팔레트가 나옵니다. 여기서 원하는 색을 선택할 수 있습니다.

TIP 도형의 색상도 동일한 방법으로 선택하고 변경할 수 있어요.

⑤ **선 스타일**: 선의 모양(실선, 파선, 점선)과 선의 두께, 둥근 끝점을 선택할 수 있습니다.

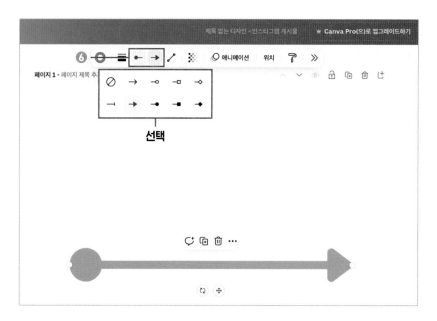

⑥ **선 시작, 선 끝**: 선의 시작선 모양과 끝선 모양을 선택할 수 있습니다.

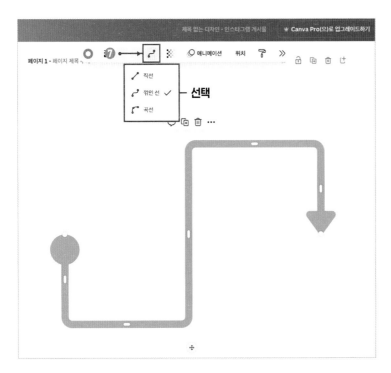

⑦ **줄 유형**: [**직선**], [**꺾인 선**], [**곡선**] 중에서 선택할 수 있습니다. [**꺾인 선**]과 [**곡선**]은 선의 중간에 앵커가 추가되어, 이 앵커를 드래그하면 선의 방향을 바꿀 수 있습니다.

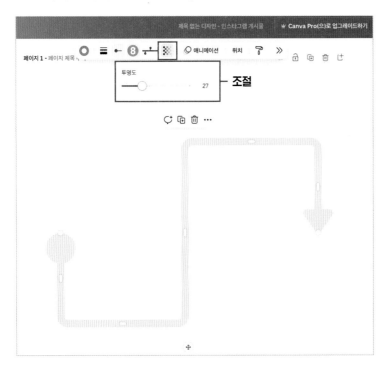

⑧ **투명도**: [**투명도**]를 적용하면 0에 가까울수록 투명하게 표시됩니다.

1. 마우스를 이용한 이동 방법

이동하려는 도형을 클릭하여 선택합니다. 선택하면 도형 주위에 선택하면 도형 주위에 핸들이 나타납니다. 도형을 마우스로 클릭한 상태로 원하는 위치에 드래그하면 새로운 위치로 이동됩니다.

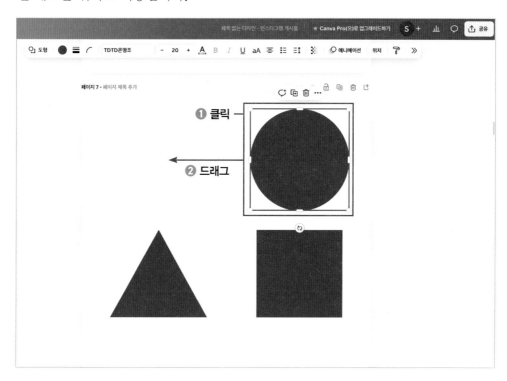

2. 키보드 방향키를 이용한 이동 방법

이동하려는 도형을 클릭하여 선택합니다. 키보드의 방향키(위, 아래, 왼쪽, 오른쪽)를 사용하여 도형을 원하는 방향으로 이동시킵니다. 방향키를 한 번 누를 때마다 도형이 미세하게 이동합니다. 이 방법은 도형의 위치를 정교하게 조정할 때 유용합니다.

3. 정렬 옵션을 이용한 이동 방법

도형을 클릭한 후, 상단 도구 메뉴에서 **[위치]**를 클릭합니다. 그러면 **[정렬]**의 **[페이지에 맞춤]**에 다양한 정렬 옵션이 나타납니다. 원하는 정렬 옵션을 클릭하여 도형을 해당 위치로 이동시킵니다. **[가운데]**와 **[가운데]**를 클릭하면 정중앙에 배치할 수 있습니다.

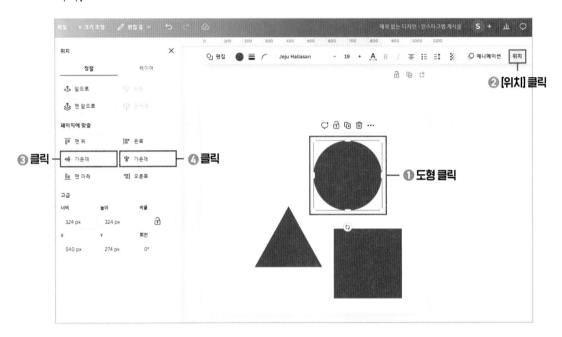

4. 위치 값을 이용한 이동 방법

[고급]에 영역 **[너비]**와 **[높이]**는 도형의 크기이고, **[X]**, **[Y]**는 위치를 의미합니다. **[X]** 축과 **[Y]** 축 값을 정확하게 입력하여 도형을 특정 위치로 이동시킵니다. 이 방법은 정밀한 배치가 필요할 때 사용됩니다.

5. 그룹화를 이용한 이동 방법

여러 도형을 한 번에 이동하려면 도형들을 그룹화해야 합니다.

❶ Shift 를 누른 상태에서 이동시키려는 여러 도형을 클릭합니다.

❷ 상단의 **[그룹화]**를 선택합니다.

❸ 그룹화된 도형을 위에서 설명한 방법대로 이동시킵니다. 그룹화된 도형은 함께
  이동되며, 쉽게 위치 조정할 수 있습니다.

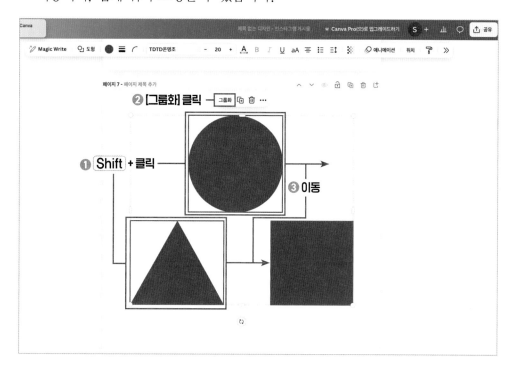

3. 사진

자연, 인물, 사물, 건축물 등 다양한 주제와 스타일의 사진이 포함되어 있어 사용자
가 필요에 맞는 이미지를 쉽게 찾을 수 있습니다. 일부 사진은 무료로 제공되지만,
고품질의 사진은 유료로 제공되는 경우도 있습니다. 이 경우 '무료' 및 '유료' 라벨로
쉽게 구별할 수 있습니다.

사진을 클릭하면 상단의 편집 도구 모음이 나옵니다. 이 중에서 **[편집]**을 클릭하면
사진 편집과 관련된 다양한 기능을 활용할 수 있습니다.

1) 조정

01 상단의 **[편집]**을 누르면 좌측에 편집 패널이 나옵니다.

02 여기서 [조정]을 클릭하면 다양한 메뉴가 나옵니다. 각각을 선택하셔도 되고, 상단의 **[자동 조정하기]**를 클릭하면 캔바가 자동으로 이미지를 분석하고 최적의 색상, 밝기, 대비 등을 설정해줍니다.

선택 후 조절

03 저는 [밝기], [생동감], [채도]를 올려 적용해봤습니다. 보다 선명하고 활기차게

보입니다.

2) 필터

[필터]는 이미지의 전체적인 색조와 분위기를 쉽게 변경할 수 있는 도구입니다.

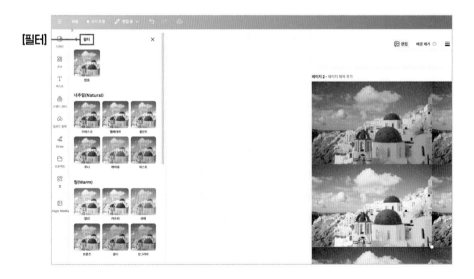

각 카테고리에는 다양한 필터가 있으며, **[필터]**를 클릭하면 즉시 이미지에 적용됩니다. 적용 후 **[필터]** 패널의 우측 상단 ✕를 클릭하거나 페이지 바탕을 더블클릭하면 됩니다.

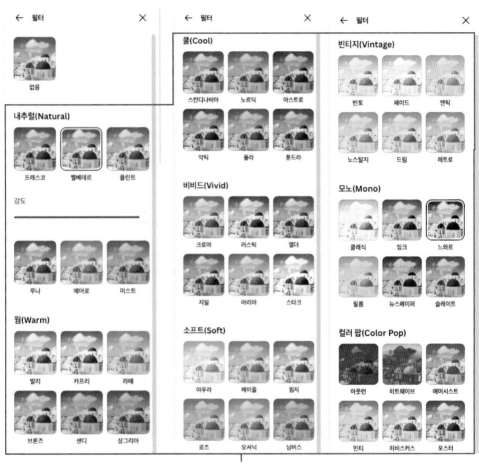

선택

3) 흐리기

블러 처리가 필요할 때 사용합니다.

01 [편집] – [효과] – [흐리기]를 클릭합니다.

02 [브러시]에서 [브러시 크기]나 [강도]를 조절하고 블러 처리를 원하는 곳에 마우스로 문질러만 주면 됩니다.

[브러시 크기], [강도] 조절

03 왼쪽 앞에 있는 여자 얼굴에 적용해봤어요.

[흐리기] 적용

04 위의 원본 사진과 아래의 **[흐리기]**를 적용한 사진을 비교해봤습니다.

① 원본 사진

② 흐리기 적용 사진

4) 자동 초점

아웃 포커싱이 필요할 때 사용합니다.

01 **[편집]** – **[효과]** – **[자동 초점]**을 클릭하세요. 그러면 세부 조정을 하지 않아도
자동으로 아웃 포커싱 효과가 적용됩니다.

02 [강도 흐리기]와 [중심 위치]로 아웃 포커싱 효과를 세부적으로 조절할 수 있어요. [자동 초점 제거]를 클릭하면 [자동 초점]이 제거됩니다.

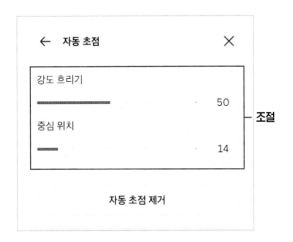

03 위의 원본 사진과 아래의 [자동 초점]을 적용한 사진을 비교해봤습니다.

① 원본 사진

② 자동 초점 적용 사진

4. AI 이미지 생성기

자세한 설명은 '3.7 Magic Media'(p.146)을 참고해주세요.

5. 스티커

움직이는 그래픽입니다.

선택

💡**TIP** 검색어 오른쪽 ⚏을 클릭하고 [애니메이션]에 체크하면 [스티커(움직이는 요소)] 요소를 쉽게 찾을
수 있습니다.

6. 동영상

[동영상]은 디자인에 비디오 클립을 추가할 수 있는 기능입니다. 자세한 설명은 4장의 '릴스'(p.217)에서 다룹니다.

사용 방법

❶ **[요소]** 검색창에서 원하는 주제를 검색하고 **[동영상]** 탭을 선택합니다.

❷ 마음에 드는 동영상을 클릭하여 디자인에 추가합니다.

❸ 동영상의 길이를 조정하거나 자르고, 필요한 경우 동영상 속도를 조절할 수 있습니다.

7. 오디오

캔바의 **[오디오]**는 다양하지 않습니다. 주로 음악의 스타일이나 느낌으로 검색합니다. 상단에 떠 있는 키워드를 클릭해서 선택해도 되겠습니다. 자세한 설명은 4장의 '릴스'(p.217)에서 다룹니다.

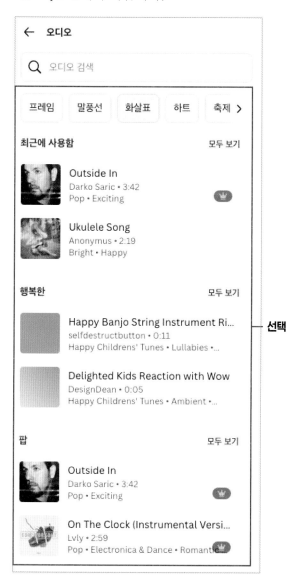

선택

8. 차트

다양한 종류의 [**차트**]를 이용할 수 있습니다.

01 원하는 형식의 [**차트**]를 클릭합니다.

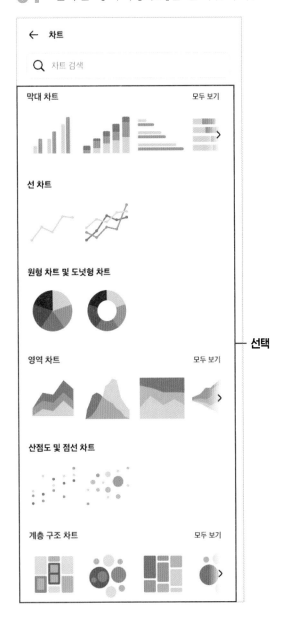

선택

02 그러면 이렇게 차트가 생성되는데요.

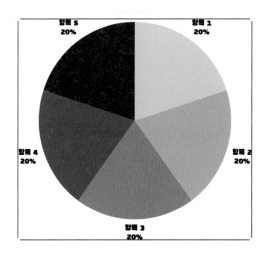

03 [데이터]에서 [라벨]과 [계열]의 데이터를 입력하고, [설정]에서 차트의 데이터 표시 형식과 범례 표시 등을 설정할 수 있습니다. 상단 메뉴에선 [글꼴], **[텍스트 색상]**, 차트의 **[색상]**도 변경할 수 있습니다.

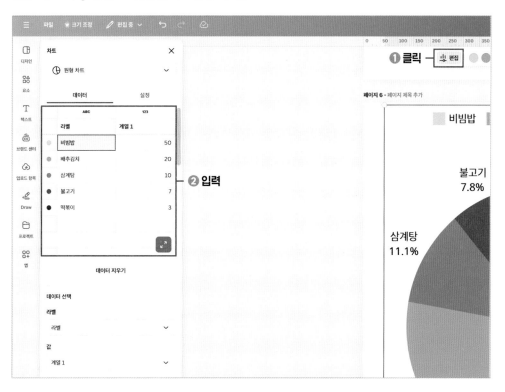

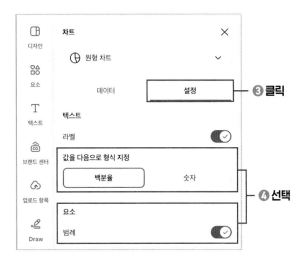

❸클릭

❹선택

9. 표

[표]는 데이터를 구조적으로 보여줄 수
있는 기능입니다. 텍스트와 숫자를 쉽
게 정리할 수 있습니다.

01 **[표]** – **[모두 보기]**를 클릭하고
마음에 드는 스타일을 클릭합니다.

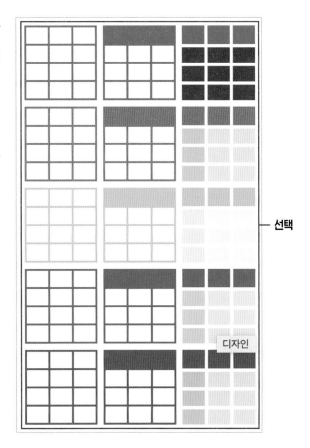

선택

02 상단 도구 모음에서 표의 테두리와 색상을 선택할 수 있습니다.

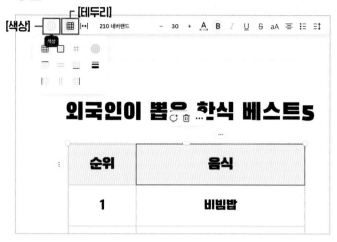

03 표의 한 칸을 클릭 후, 행의 가장 왼쪽에 있는 ⋯를 클릭하거나, 열의 가장 위쪽에 있는 ⋯를 클릭하면 [**행 1개 추가**], [**1개 행 삭제**] / [**열 1개 추가**], [**1개 열 삭제**]로 행과 열의 개수을 조절할 수 있습니다. 또한 [**행 위로 이동**], [**행 아래로 이동**] / [**열 왼쪽으로 이동**], [**열 오른쪽으로 이동**]으로 입력한 데이터를 이동시킬 수 있습니다. 마지막으로 [**행 간격 맞추기**], [**열 간격 맞추기**], [**페이지 맞춤**]으로 간격을 맞출 수 있습니다.

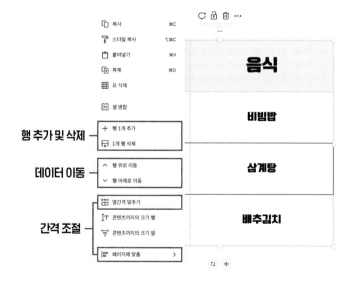

외국인이 뽑은 한식 베스트5

열 추가 및 삭제
데이터 이동
간격 조절

04 상하좌우에 있는 앵커를 드래그하여 표의 크기를 늘리거나 줄일 수 있습니다. 또한 표 안의 선을 이동하여 칸의 크기를 조절할 수 있습니다. 좌, 우로 늘리거나 줄일 수 있습니다.

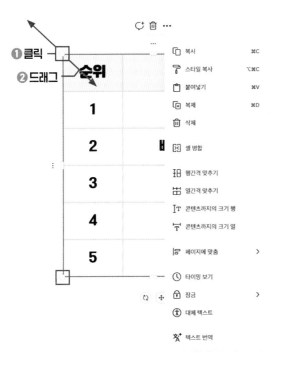

05 꼭지점을 잡고 드래그앤드롭하여 전체적으로 크기를 키워줄 수 있으며, 하단
의 ✛를 클릭하면 표의 전체 이동도 가능합니다.

순위	음식
1	비빔밥
2	배추김치
3	삼계탕
4	불고기
5	떡볶이

06 상단 도구 모음의 [글꼴], [글꼴 크기], [텍스트 색상]으로 텍스트를 변경할 수 있습니다.

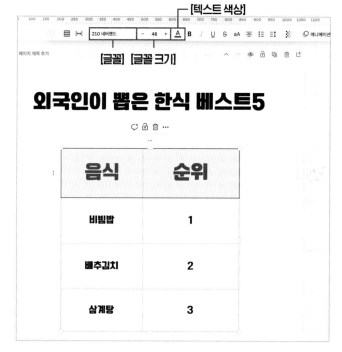

10. 프레임

이미지를 삽입할 수 있는 틀 또는 마스크 역할을 하는 요소입니다. 이미지를 [**프레임**]에 드래그하여 놓으면, 프레임의 모양에 따라 이미지가 잘려 표시됩니다. 자세한 설명은 '프레임 사용하는 방법 및 테두리 적용하기'(p.287)에서 자세히 다룹니다.

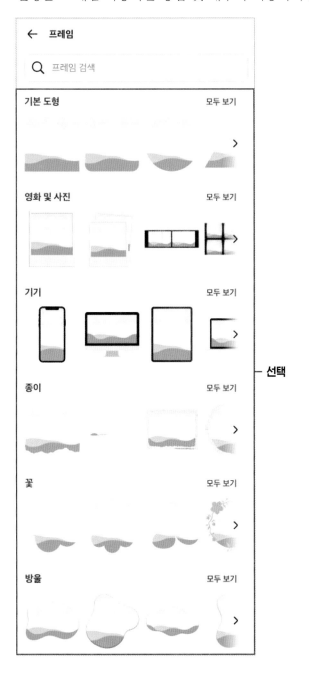

11. 그리드

[그리드]는 디자인 레이아웃을 여러 개의 셀로 나누어 각각의 셀에 이미지를 삽입하거나 색을 채울 수 있는 일종의 틀입니다. 각 셀은 개별적으로 조정할 수 있어서, 다양한 요소를 쉽게 정렬하고 정돈된 레이아웃을 만들 수 있습니다. 사용법은 4장의 '유튜브 썸네일'(p.331)에서 자세히 다룹니다.

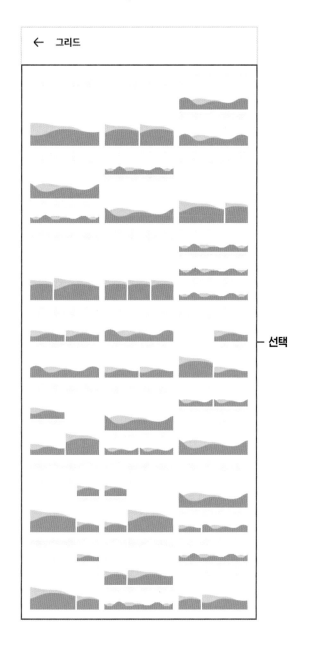

← 그리드

— 선택

12. 목업

사용자가 만든 디자인을 실제 제품이나 물리적 환경에 적용한 것처럼 시각적으로 표현하는 도구입니다. **[목업]**을 사용하면 제품의 최종 모습이 어떻게 보일지를 시뮬레이션할 수 있어, 특히 디자인 시안, 프레젠테이션, 마케팅 자료 등에 유용하게 활용됩니다.

선택

13. 컬렉션

특정 테마나 스타일에 맞춰 관련된 그래픽 요소들을 모아놓은 것입니다. 이는 디자인 프로젝트에 필요한 모든 시각적 요소를 한 번에 찾을 수 있도록 도와줍니다.

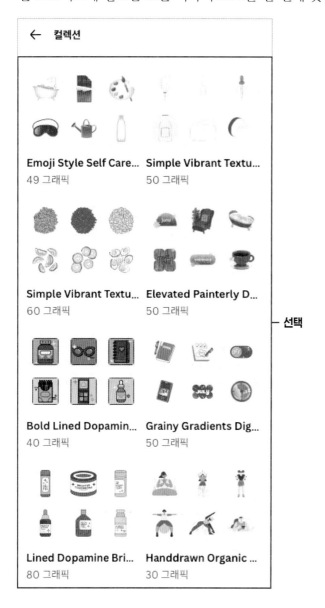

선택

텍스트

[텍스트] 메뉴는 디자인에 텍스트 요소를 추가하고 편집할 수 있는 기능을 제공합니다. **[텍스트 상자 추가]** 또는 **[기본 텍스트 스타일]**의 각 옵션을 클릭해 텍스트 박스를 추가하고 글자를 입력할 수 있습니다.

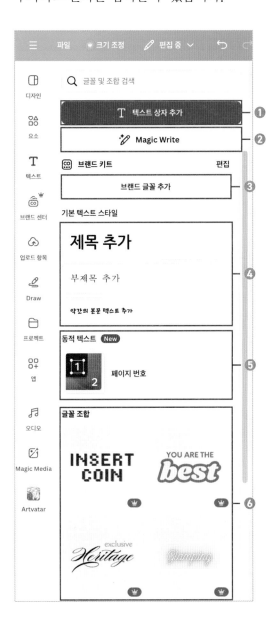

① **텍스트 상자 추가**: 클릭하면 캔버스에 새로운 텍스트 상자가 추가됩니다.

② **Magic Write**: AI 기반 글쓰기 어시스턴트 도구인 **[Magic Write]**입니다. 자세한 설명은 '3.8 Magic Write'(p.151)을 참고해주세요.

③ **브랜드 글꼴 추가**: 자주 사용하는 글꼴을 등록하면 글꼴을 편하게 찾을 수 있습니다.

④ **기본 텍스트 스타일**: 기본 옵션으로 **[제목 추가]**, **[부제목 추가]**, **[약간의 본문 텍스트 추가]**가 있습니다. 크기의 차이라고 보시면 되겠습니다.

⑤ **페이지 번호**: 페이지 번호의 표시 형식과 페이지별 번호 표시 여부를 선택할 수 있습니다.

⑥ **글꼴 조합**: 텍스트 효과가 적용되어 있는 텍스트 템플릿입니다. 클릭해서 원하는 부분만 편집하여 사용할 수 있습니다.

브랜드 센터

[브랜드 센터]는 미리 등록해둔 브랜드의 로고, 색상, 글꼴 등의 브랜드 키트와 템플 릿을 클릭하여 디자인에 바로 적용할 수 있는 메뉴입니다. 브랜드 템플릿 또는 브랜 드 키트를 만들어두었다면 디자인 작업 시 필요한 항목을 추가하여 디자인의 통일 성을 유지할 수 있어요. 단, 캔바 Pro버전에서만 사용할 수 있는 메뉴입니다.

지금 보이는 화면에서 왼쪽에 있는 각각의 항목을 클릭하여 등록할 수도 있지만 캔 바 첫 화면에서 등록하면 더욱 상세한 항목을 확인할 수 있어요.

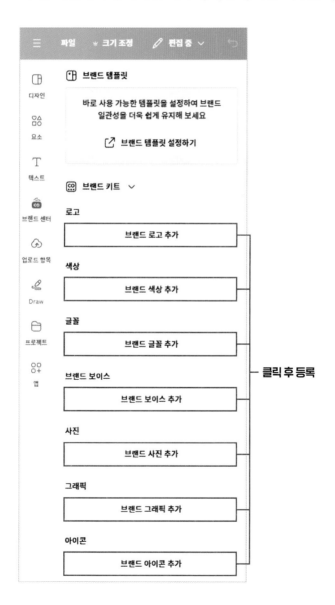

업로드 항목

[파일 업로드]를 클릭하면 PC에 있는 사진을 업로드하여 디자인할 수 있습니다. 업로드한 항목의 **[이미지]**, **[동영상]**, **[오디오]** 카테고리별로 분류됩니다.

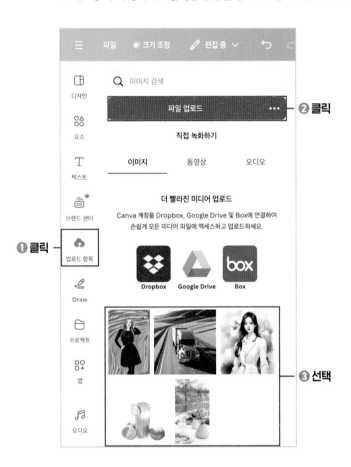

Draw

[Draw]는 사용자가 디자인에 직접 그림을 그릴 수 있는 기능을 제공합니다. 손으로 그린 느낌의 디자인 요소를 추가할 수 있습니다.

사용법

❶ 브러시 선택: **[펜]**, **[마커]**, **[형광펜]**, **[지우개]** 중 하나를 선택합니다.

❷ 브러시 설정 조정: **[색상]**, **[두께]**, **[투명도]**를 조절하여 원하는 스타일을 그릴 수 있습니다.

❸ 자유롭게 그리기: 캔버스에 직접 그리기를 시작합니다. 원하는 형태나 그림을 그릴 수 있으며, 이는 주로 자유로운 디자인 표현이 필요할 때 유용합니다.

❹ ▷를 클릭하면 브러시에서 마우스 커서 형태로 다시 돌아옵니다.

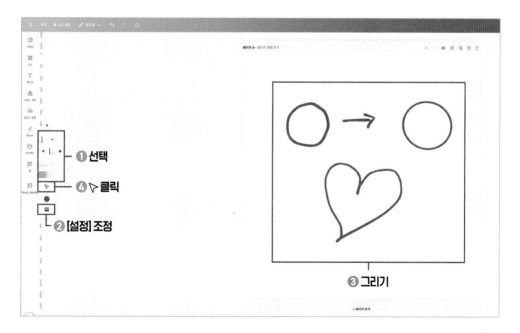

💡 TIP 원을 그릴 때, 시작점과 끝점을 맞추면 곡선을 반듯하게 그릴 수 있습니다.

프로젝트

사용자가 작업했던 여러 디자인 파일을 관리할 수 있습니다. 직접 디자인한 템플릿, 템플릿에 사용한 이미지와 동영상도 개별적으로 확인할 수 있으며 생성되어 있는 폴더를 확인하거나 새로운 폴더를 생성할 수도 있습니다. 캔바 홈화면에서 폴더를 생성하는 법은 '1장 캔바 홈화면 살펴보기'(p.24)를 참고하세요.

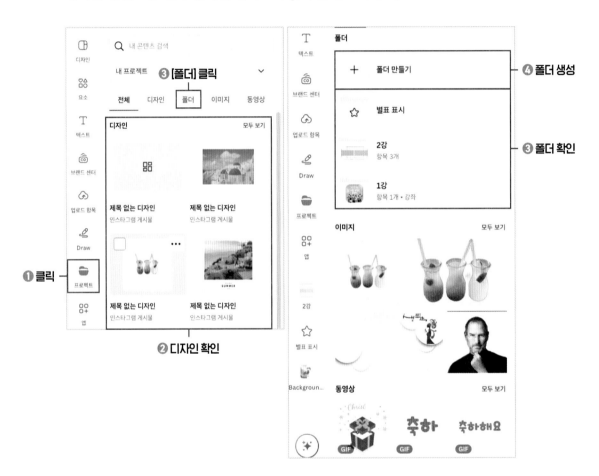

앱

주요 앱의 기능 설명은 '3장 캔바 AI와 유용한 앱 알아보기'(p.126)에서 자세히 다루고 있습니다. 3장을 참고해주세요.

3장 캔바 AI와 유용한 앱 알아보기

[앱] 메뉴의 앱을 처음 사용할 때는 [열기] 버튼이 나옵니다. 그 이후엔 앱 사용 시 바로 접속됩니다.

3.1 배경 제거 – Pro버전 / Clear Background – 무료 버전

사진을 클릭 후 상단의 도구 모음에서 [배경 제거]를 클릭하면 그 즉시 배경이 제거됩니다. 이 기능은 Pro버전에서 사용 가능합니다.

TIP 유사 앱: [Clear Background], [Background Eraser]

01 무료 버전 이용자라면, [앱] 메뉴 안의 [Clear Background]를 사용하면 됩니다. 우선, 배경을 제거하려는 이미지를 PC에 다운로드하거나 캡처하여 저장합니다. 왼쪽 메인 메뉴 중 [앱]을 클릭하고 상단 검색창에 'background'라고 검색하면 [Clear Background]가 나옵니다. 여기를 클릭하세요.

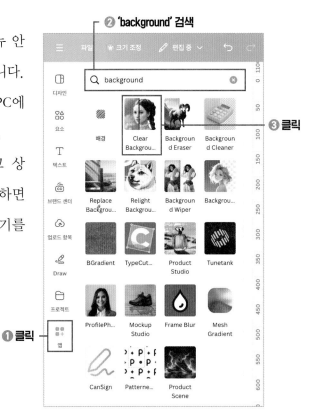

02 앱을 처음 이용한다면 [**열기**] 버튼이 나오는데, 이 버튼을 클릭합니다. 이 버튼은 다음에 사용할 때부터는 나오지 않습니다. 그리고 [**Choose file**]을 클릭한 후, 배경을 제거할 사진을 불러옵니다.

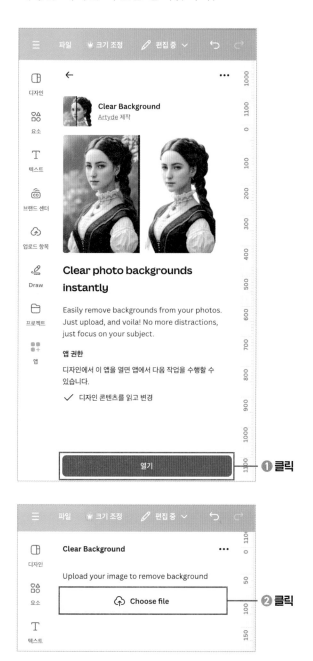

03 그 후 아래 보라색 버튼의 **[Remove background]**를 클릭합니다.

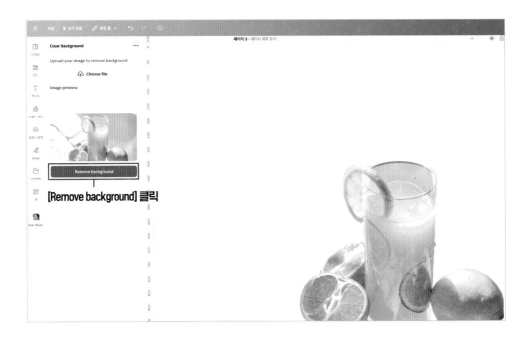

04 배경이 제거됩니다. 크기를 적당히 조절하여 사용하면 됩니다.

3.2 Magic Expand – Pro버전

잘린 사진을 완벽한 이미지로 만들어주는 앱입니다. 이 기능은 Pro버전에서 사용 가능합니다.

01 왼쪽 **[요소]** 메뉴의 상단에 '모델'이라고 검색한 후 마음에 드는 사진 하나를 클릭해보겠습니다. 해당 사진은 Pro 사진입니다.

02 모델 사진 클릭 – 상단의 도구 모음에서 **[편집]**을 눌러주세요.

03 [Magic Studio] – [Magic Expand]를 클릭합니다.

04 꼭지점에 각각 하얀색 낫표가 생겼습니다. 이 낫표를 마우스로 클릭하여 원하는 비율에 직접 맞출 수 있습니다. 특정 비율을 선택해서 확장하거나, 전체 페이지에 딱 맞게 확장할 수도 있습니다. 여기서는 **[전체 페이지]**를 선택 후 **[Magic Expand]**를 클릭합니다.

TIP [확장하기] 옆에 [자르기] 역시 자유 형식 또는 사이즈별로 이미지를 자를 수 있으니 참고해주세요.

05 한 번에 4개의 확장된 이미지를 생성해줍니다. 여기서 마음에 드는 것을 클릭합니다. 4개의 이미지 모두 마음에 들지 않는다면 **[새로운 결과 생성하기]**를 클릭하면 새로운 결과를 생성해줍니다. 마음에 드는 사진을 클릭한 후 아래 보라색 버튼의 **[완료]**를 클릭합니다.

❶ 선택

❷ [완료] 클릭

배경이 마음에 들지 않을 수도 있습니다. 그러면 [배경 제거]를 이용하여 이미지의 배경을 제거한

후, [요소]에서 원하는 배경의 사진을 검색해 이용합니다.

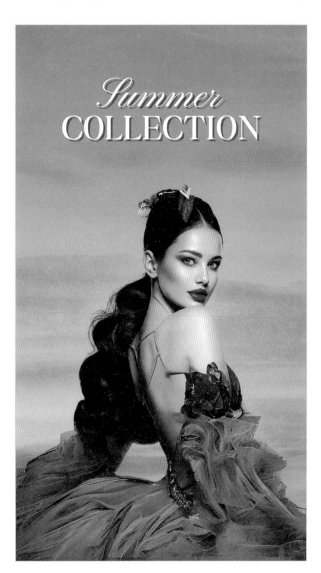

3.3 Magic Grab – Pro버전

이미지 배경과 피사체를 분리하는 앱입니다. 이 앱은 Pro버전에서 사용 가능합니다.

01 [편집] – [Magic Studio] – [Magic Grab]을 클릭합니다.

02 [브러시] 또는 [클릭]으로 분리해줄 이미지를 선택할 수 있습니다. 편의상 [클릭]을 선택해보겠습니다. 마우스로 여자를 클릭했더니 여자 피사체 부분만 보라색으로 선택됐습니다. 그 후 [추출하기]를 클릭합니다.

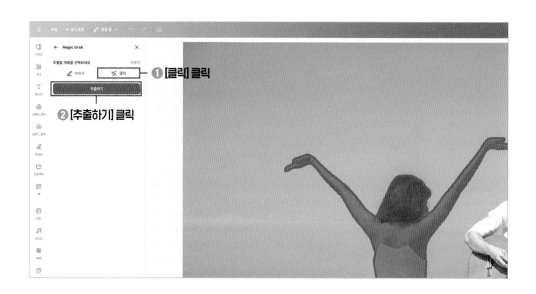

03 그 후 배경에서 여자만 분리되었습니다. 여자 이미지 주위에 보라색 테두리가
생긴 것으로 보아 각각 분리하여 선택할 수 있도록 배경에서 떨어진 것이 확인됩니다.
이때 이 여자 이미지를 Delete 를 눌러 삭제할 수도 있고, 이미지 상단의 🗑 을 클릭
해 삭제할 수 있습니다. 예시에선 🗑 을 클릭하겠습니다.

04 그러면 이렇게 여자 이미지가 제거됩니다. 사진을 확대해서 독사진으로 만들어보겠습니다.

여자 이미지 삭제

05 이미지를 캔버스 크기에 맞추고자 한다면, 이미지의 꼭지점을 클릭하고 드래 그앤드롭하거나 사진을 마우스 우클릭하고 **[이미지를 배경으로 설정]**을 클릭하면 됩니다. 예시에선 전자의 방법으로 크기를 확대했습니다. 그러면 독사진 완성입니다.

3.4 텍스트 추출 – Pro버전

이미지 속 텍스트를 자동으로 인식하고 추출하는 앱입니다. **[텍스트 추출]** 기능을 사용하면 이미지에서 텍스트를 손쉽게 복사하여 편집할 수 있습니다. 이 기능은 Pro 버전에서 사용 가능합니다.

01 **[요소]** 상단 검색창에 'menu'를 검색하고 **[사진]** 메뉴를 클릭합니다. 그리고 검색 결과 중에서 원하는 사진을 클릭합니다.

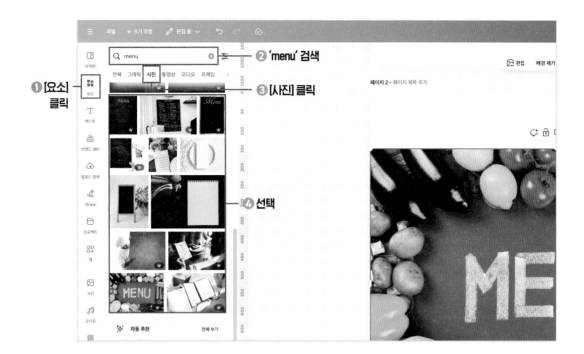

❶ [요소] 클릭

❷ 'menu' 검색

❸ [사진] 클릭

❹ 선택

02 [편집]을 클릭하세요.

❷ 클릭

❶ 클릭

03 [Magic Studio]에서 **[텍스트 추출]**을 클릭합니다.

04 **[클릭]**과 **[모든 텍스트]**가 나옵니다. **[클릭]**을 눌러서 추출을 원하는 텍스트만 선택할 수 있고, **[모든 텍스트]**를 눌러서 이미지의 모든 텍스트를 한꺼번에 선택하여 추출할 수 있습니다. 여기에서는 **[모든 텍스트]**를 클릭해보겠습니다. 그리고 보라색 버튼의 **[추출하기]**를 클릭합니다.

05 그러면 이렇게 텍스트가 추출됩니다.

텍스트 추출

06 추출된 텍스트를 더블클릭하고 원하는 글씨를 써주면 됩니다.

더블클릭 후 입력

3.5 Magic Eraser – Pro버전

이미지에서 원하지 않는 부분을 손쉽게 지울 수 있는 앱입니다. 이 도구를 사용하면 사진이나 그래픽에서 불필요한 요소를 제거하여 깔끔한 디자인을 만들 수 있습니다. 이 기능은 Pro버전에서 사용 가능합니다.

01 [요소] 상단 검색창에 '돌고래'라고 검색해서 가져온 사진입니다. 상단 도구 모음에서 [편집]을 클릭합니다.

02 [Magic Studio] – [Magic Eraser]를 클릭합니다.

03 [브러시]와 [클릭] 중 선택하여 지우고 싶은 부분을 지울 수 있습니다. 예시에 선 가장 오른쪽의 돌고래를 지워보겠습니다. [클릭] 메뉴를 선택하고 오른쪽에 있는 돌고래를 클릭합니다.

04 그 후 좌측의 [지우기]를 클릭합니다.

05 돌고래는 지워졌으나 돌고래의 그림자가 바다 위에 그대로 남아 있죠. 이렇게 형체가 명확하지 않은 대상은 **[브러시]**를 이용하여 지우면 효과적입니다.

[브러시] 클릭 후, **[브러시 크기]**를 조절합니다. **[브러시 크기]**의 스크롤을 오른쪽으로 드래그하면 **[브러시 크기]**가 커지고, 왼쪽으로 드래그하면 **[브러시 크기]**가 작아집니다. 적당히 조절했다면 마우스를 움직여서 돌고래의 그림자를 지웁니다.

💡TIP **[브러시 크기]**가 너무 크면 지우지 말아야 할 부분까지 지워져 부자연스러울 수 있습니다. **[브러시 크기]**를 적당히 조절하는 것이 중요합니다.

❶ **[브러시] 클릭**

❷ **[브러시 크기] 조절**

❸ **그림자 영역 지우기**

06 마지막으로 **[지우기]**를 클릭하면 완성입니다.

[지우기] 클릭

3.6 Magic Edit – 무료 버전

사용자가 원하는 방식으로 이미지의 특정 부분을 변경할 수 있는 앱입니다. 무료 사용자도 이용 가능합니다.

01 **[요소]** 상단 검색창에 'apple'을 검색한 후 **[사진]** 메뉴에서 가져왔습니다. 독자 분들은 검색 결과 중에서 마음에 드는 사진을 선택하세요.

02 상단 도구 모음에서 [**편집**] – [**Magic Studio**] – [**Magic Edit**]을 클릭합니다.

03 [브러시]와 [클릭] 중 선택하여 변경하고 싶은 부분을 수정할 수 있습니다. [브러시]를 클릭해서 지워보겠습니다. [브러시 크기]도 조절할 수 있어요. 오른쪽으로 갈수록 브러시 크기가 커지고, 왼쪽으로 갈수록 브러시 크기가 작아집니다. [브러시 크기]를 적당히 조절한 후 이미지 변경을 원하는 부분을 마우스로 문질러줍니다.

그리고 이번에는 어떻게 편집할지 [설명란]에 기재합니다. 그 후 [생성하기]를 눌러주세요. 저는 '레몬'으로 변경해볼게요.

❶ [브러시] 클릭
❷ [브러시 크기] 조절
❹ 'lemon' 입력
❺ [생성하기] 클릭
❸ 사과 영역 문지르기

04 4장씩 이미지가 나옵니다. 하나씩 클릭해보며 이미지를 확인한 후 가장 마음에 드는 이미지를 클릭하고 **[완료]**를 누릅니다. 4장 중에서 마음에 드는 게 없다면 **[다시 생성하기]**를 누르면 새로운 사진이 생성됩니다.

3.7 Magic Media – Pro 버전 / 무료 버전

사용자가 원하는 이미지, 그래픽, 또는 동영상을 간편하게 생성할 수 있도록 돕는 AI 기반 도구입니다. 사용자가 이미지에 대한 설명을 입력하면 AI가 해당 설명에 맞는 비주얼을 자동으로 생성해줍니다.

	이미지	그래픽	동영상
무료 이용자	월 50회	월 50회	월 5회
Pro 이용자	월 500회	월 500회	월 50회

TIP 유사 앱: [DALL.E], [Imagen], [Mojo AI], [Dream Lab]

01 왼쪽의 **[앱]** 메뉴에서 **[Magic Media]**를 클릭합니다.

02 이미지, 그래픽, 동영상을 각각 생성할 수 있습니다. 만들고 싶은 이미지가 있다면 **[이미지]**에 텍스트로 간단하게 설명을 입력합니다.

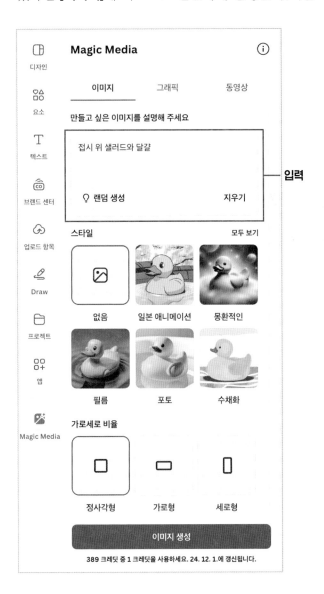

03 [스타일]을 선택합니다. [모두 보기]를 클릭하면 [포토그래피], [디지털 아트], [미술]로 나뉘어 있습니다. 다양한 그림 스타일 중에서 원하는 스타일을 클릭합니다.

04 저는 [포토]를 선택해보았습니다. [가로세로 비율]도 선택할 수 있습니다. 저는 가장 앞에 있는 사이즈로 그대로 두었습니다. [이미지 생성]을 눌러주세요.

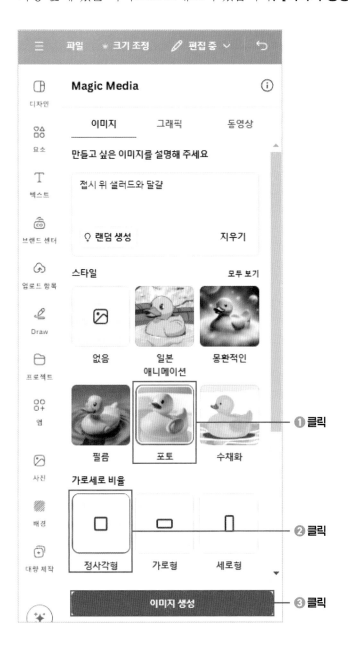

05 4장씩 이미지가 나옵니다. 하나씩 클릭해보며 이미지를 확인한 후 가장 마음에 드는 이미지를 클릭합니다. 4장 중에서 마음에 드는 게 없다면 [**다시 생성하기**]를 눌러서 새로운 사진을 생성해줍니다.

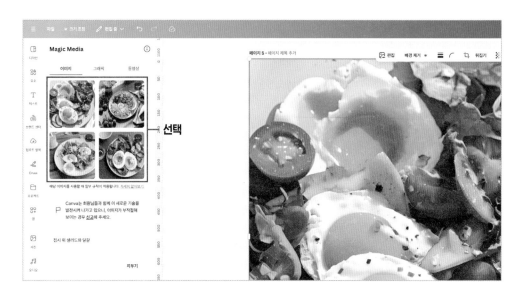

06 4개의 이미지 중에서 저는 좌상단 이미지를 선택했습니다.

07 이 이미지는 [컨셉 아트]를 적용했습니다. 스타일별 분위기가 다르니 하나씩 클릭하며 확인해보기 바랍니다.

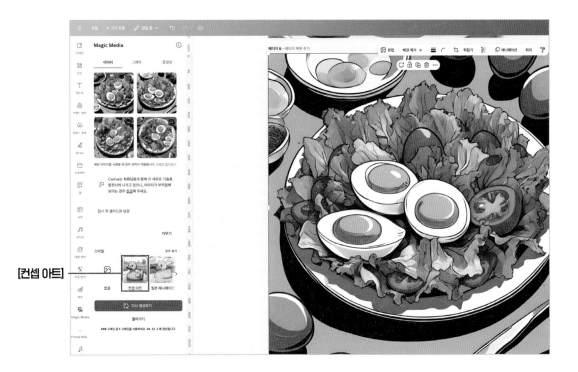

3.8 Magic Write - Pro 버전 / 무료 버전

AI 기반의 글쓰기 어시스턴트로, 사용자가 입력한 간단한 프롬프트에 따라 다양한 종류의 글을 자동으로 생성해주는 앱입니다. 문구를 작성하고 아이디어를 브레인스토밍하는 데 도움을 줍니다.

	사용 가능 횟수
Pro 이용자	월 520회
무료 이용자	월 50회

01 [Magic Write]의 메뉴는 총 3군데에서 볼 수 있습니다. 디자인 에디터 화면의 좌측 하단에 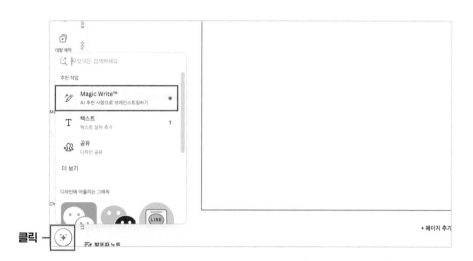을 클릭하면 [Magic Write]가 나옵니다.

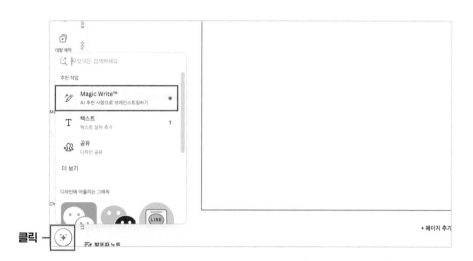

02 [**텍스트**] 메뉴를 클릭하면 [**텍스트 상자 추가**] 하단에서도 [Magic Write]를 볼 수 있습니다.

03 또는 페이지 위에 텍스트를 적었을 때, 상단에 나오는 도구 모음에서 📝 [Magic Write]를 볼 수 있습니다. 저는 '캔바강사 써니쌤'이라고 입력한 후, 도구 모음에 있는 📝 [Magic Write]를 클릭했습니다. 그리고 **[텍스트 확장]**을 클릭했습니다.

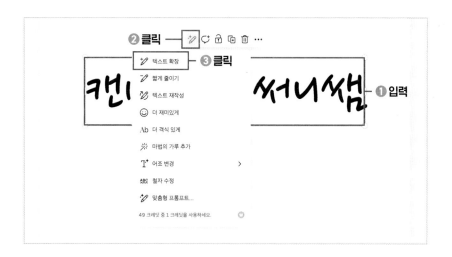

04 글 생성 후 **[비슷한 버전]**이나 **[원하는 사항 추가하기]**를 클릭하여 생성된 글을 변경할 수 있습니다. 그리고 **[아래에 추가]**를 클릭하여 생성된 글을 반영하여 사용하거나 **[바꾸기]**를 클릭하여 기존의 글을 대체하여 사용 가능합니다. 저는 **[아래에 추가]**를 클릭해봤어요.

05 [**Magic Write**]가 생성한 글입니다.

캔바강사 써니쌤

은 창의적이고 열정적인 강사로 유명합니다. 그녀는 학생들에게 디자인의 기초부터 고급 기술까지 친절하고 세심하게 가르칩니다. 써니쌤의 수업은 항상 참여와 실습을 중시하며, 학생들이 자신의 아이디어를 자유롭게 표현할 수 있도록 격려합니다. 그녀의 긍정적인 에너지는 모든 수업을 활기차고 재미있게 만들어 주며, 많은 학생들이 그녀의 수업을 통해 디자인에 대한 깊은 애정을 가지게 됩니다.

06 이번엔 [**Magic Write**]가 생성한 글을 클릭한 후 다시 한번 ✏️ [**Magic Write**] 아이콘을 클릭하면 [**텍스트 확장**], [**짧게 줄이기**], [**어조 변경**], [**철자 수정**] 등의 글을 수정하는 메뉴가 나옵니다. 필요에 따라 선택하여 그를 수정할 수 있습니다.

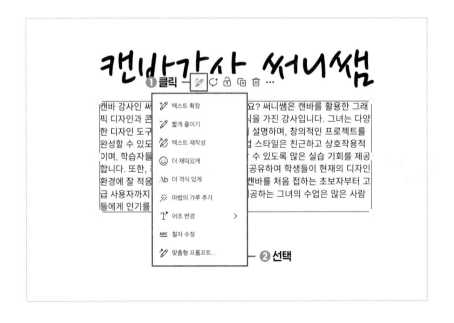

07 한 번 더 [**텍스트 확장**]으로 글을 완성했습니다.

캔바강사 써니쌤

캔바 강사인 써니쌤에 대해 이야기해볼까요? 써니쌤은 캔바를 활용한 그래픽 디자인과 콘텐츠 제작에 대한 전문 지식을 가진 강사입니다. 그녀는 다양한 디자인 도구와 기술을 학생들에게 쉽게 설명하며, 창의적인 프로젝트를 완성할 수 있도록 돕습니다. 써니쌤의 수업 스타일은 친근하고 상호작용적이며, 학습자들이 실질적인 스킬을 얻어갈 수 있도록 많은 실습 기회를 제공합니다. 또한, 최신 디자인 트렌드와 팁을 공유하여 학생들이 현재의 디자인 환경에 잘 적응할 수 있도록 지원합니다. 캔바를 처음 접하는 초보자부터 고급 사용자까지 모두에게 유익한 정보를 제공하는 그녀의 수업은 많은 사람들에게 인기를 끌고 있습니다.

그녀는 매 수업마다 학생들의 창의력을 이끌어내는 특별한 방법을 가지고 있으며, 각자의 개성을 살린 디자인을 할 수 있도록 격려합니다. 써니쌤은 또한 온라인 플랫폼을 통해 다양한 워크숍을 제공하여, 전 세계 어디서나 접근할 수 있는 교육을 제공합니다. 그녀의 수업을 듣는 학생들은 캔바를 통해 자신의 아이디어를 시각적으로 표현하는 데 자신감을 얻게 되며, 이는 그들의 개인적 및 직업적 성장에 큰 도움이 됩니다. 써니쌤의 가르침은 단순한 기술 습득을 넘어, 학생들이 창의적인 사고를 통해 문제를 해결할 수 있는 능력을 기르는 데 중점을 두고 있습니다. 이러한 이유로 그녀의 수업은 항상 기대와 즐거움으로 가득 차 있습니다.

잠시만요!

Magic Write 사용 시 주의할 점

- 질문은 1,500단어까지 입력되고, 답변은 약 2,000단어까지 출력됩니다. 답변 내용이 2,000단어가 넘으면 텍스트가 문장 중간에서 잘려서 나올 수 있습니다.
- 2021년 중반까지의 데이터와 정보만 사용되므로 생성된 답변에는 오래된 정보가 포함될 수 있습니다.
- 생성형 AI의 특성상 사실과 다른 답변이 만들어질 수 있습니다.
- 무료 사용자는 총 50회, Pro 사용자는 매월 500회 사용할 수 있습니다.
- 사용 가능 횟수는 캔바의 정책에 따라 변경될 수 있습니다.
- Canva for Education에서 Magic Write는 관리자와 교사만 사용할 수 있습니다. 학생들은 이를 사용할 수 없습니다.
- 모바일에서는 Canva Docs에서만 Magic Write를 사용할 수 있습니다.

3.9 자동 번역 – Pro버전

디자인에 포함된 텍스트를 다양한 언어로 자동으로 번역해주는 기능입니다.

01 영어가 적힌 템플릿입니다. **[자동 번역]**을 이용하여 한국어로 번역해보겠습니다.

02 상단의 **[크기 조정]** 메뉴에서 **[자동 번역]**을 클릭합니다.

03 [적용할 페이지]에서 모든 페이지를 선택하거나 원하는 페이지만 선택할 수 있습니다.

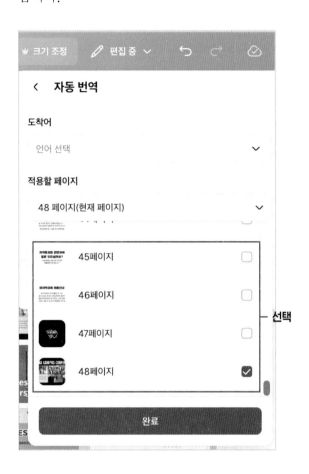

04 어떤 언어로 번역할지 [**도착어**]에서 선택합니다. 저는 [**한국어**]를 선택했습니다. 사본을 생성하지 않고 기존의 디자인을 번역할지, 사본을 새롭게 생성할지 체크한 후 하단의 [**자동 번역**]을 클릭합니다.

TIP 어조에 따라 번역된 글의 분위기가 달라지니 필요시 사용하세요.

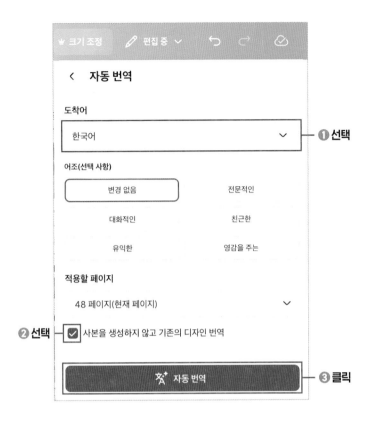

- ❶ 선택
- ❷ 선택
- ❸ 클릭

05 그러면 이렇게 영어가 한국어로 번역되었습니다.

잠시만요!

캔바 자동 번역 기능 사용 시 주의할 점

- 자동 번역은 번역하려는 텍스트가 포함된 텍스트 상자를 클릭하여 번역이 이루어집니다. 그러므로 이미지 속에 있는 텍스트는 번역이 되지 않습니다. 이미지 안에 있는 텍스트를 번역하고 싶다면, 이미지에 있는 텍스트를 텍스트 추출을 통해 추출한 후 자동 번역을 이용합니다.
- 자동 번역 기능은 AI를 기반으로 하기 때문에 번역 품질이 항상 완벽하지 않을 수 있습니다. 특히 전문 용어나 사투리, 또는 문맥에 따른 미묘한 의미 차이 등은 부정확하게 번역될 가능성이 있습니다. 따라서 중요한 콘텐츠일 경우, 번역 후 반드시 수동으로 검토하고 수정하는 것이 좋습니다.

3.10 Image Splitter – 무료 버전

이미지를 분할하는 앱입니다.

01 [앱] 클릭 – 상단 검색창에 'splitter' 검색 후 해당 앱을 클릭합니다.

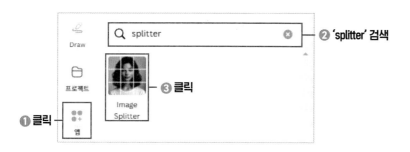

02 디자인 화면에 있는 사진을 선택하거나, PC의 사진을 업로드합니다. 여기에선 디자인 화면에 있는 사진을 이용하겠습니다. 이미지를 클릭하고 분할할 행과 열의 수를 입력합니다. 그리고 [Split Image]를 클릭합니다.

1 클릭

2 조절

3 클릭

03 그러면 설정한 대로 이미지가 분할됩니다. 그리고 [Set background]를 클릭
해 분할된 이미지를 캔버스 크기에 맞춰줄 수도 있습니다.

클릭

04 다운로드한 후 이와 같이 인스타그램 9분할 피드로 활용할 수 있습니다.

3.11 Paintify – 무료 버전

사진을 그림으로 바꿔주는 앱입니다. 하루에 3크레딧을 이용할 수 있습니다.

🎈 **TIP** 유사앱: [Animeify], [Artvatar], [Gen Portraits], [MyStylist], [RenaissanceAvatar], [Avatarify], [StarryAvatar]

01 [앱] 클릭 – 상단 검색창에 'paintify'라고 검색하고 해당 앱을 클릭합니다.

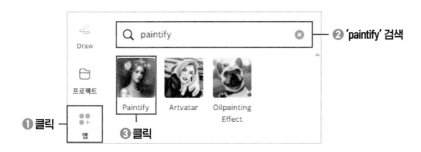

02 [Choose file]을 클릭해 PC에 있는 이미지를 업로드하거나 디자인 화면에서 그림으로 변경하고 싶은 이미지를 클릭하고 [Paintify and replace]을 눌러주세요. 책에선 제 프로필 사진을 업로드해 보여드리겠습니다.

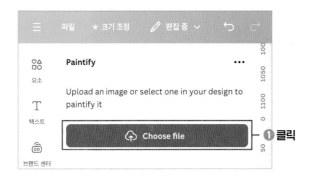

❷ 이미지 업로드

03 그러면 사진이 이렇게 그림으로 변경됩니다.

이미지 변경

04 완성된 그림 스타일이 마음에 들지 않는다면 **[Paintify and replace]**를 클릭하여 하루에 3번 변경할 수 있습니다.

① [Animeify]   ② [Artvatar]   ③ [Gen Portraits]   ④ [MyStylist]

⑤ [RenaissanceAvatar] ⑥ [Paintify]   ⑦ [Avatarify]   ⑧ [StarryAvatar]

3.12 AI Music – 무료 버전

AI로 내가 원하는 느낌의 음악을 생성해줍니다. 저작권에서 자유롭다는 장점이 있습니다.

01 **[앱]** 클릭 – 상단 검색창에 'ai music'라고 검색하고 해당 앱을 클릭합니다.

02 만들려는 음악의 세부 설정을 입력하세요. 설정을 모두 마쳤다면 하단의 **[작곡]**을 클릭하세요. 음악이 생성되어 캔버스에 삽입됩니다.

① **스타일 및 분위기 선택**: 원하는 스타일을 클릭합니다.

② **음악 매개변수 조정**: 빠르기, 리듬감, 밝기 등 세부 항목을 조절합니다.

③ **길이 설정**: 원하는 음악 길이를 입력합니다. 길이는 최소 5초에서 최대 300초까지 설정할 수 있습니다.

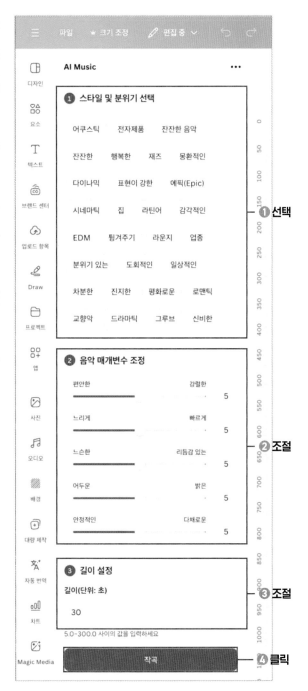

03 예시에선 애니메이션 이미지에 음악을 삽입했습니다. [**기간**]을 클릭하고
을 클릭하면 음악을 함께 감상할 수 있어요.

❷ 클릭

❶ [기간] 클릭

3.13 Voiceover AI – Pro버전 / 무료 버전

AI 목소리를 생성해줍니다. 사용 가능한 크레딧 수는 달라질 수 있습니다.

TIP 유사 앱: [AI Voiceover], [Voiceover Studio], [Voiceover]

	크레딧(월)
Pro 이용자	200
무료 이용자	600

01 [앱] 클릭 – 상단 검색창에 'voiceoverai'라고 검색하고 해당 앱을 클릭합니다.

02 생성한 AI 목소리에 대한 세부 설정을 입력합니다. 그리고 **[Generate audio]** 를 클릭하면 캔버스에 삽입됩니다.

① Enter your Script: 목소리로 출력할 이야기를 적습니다.

② Select a language: 언어를 선택합니다.

③ Select a voice: 목소리를 선택합니다.

④ Play sample: 목소리를 미리 들어볼 수 있습니다.

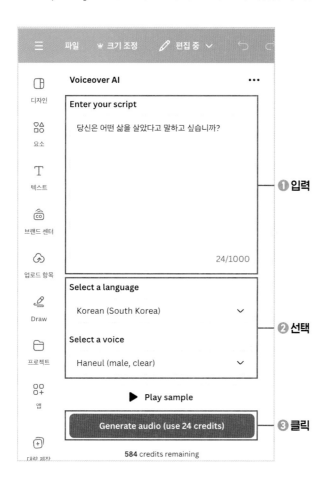

03 ▶을 클릭하면 미리 준비해둔 영상 화면에 AI 목소리가 삽입되어 함께 재생됩니다.

클릭

3.14 Pexels – 무료 버전

[Pexels]는 고화질의 무료 이미지 및 동영상을 제공하는 플랫폼으로, 캔바에서 간편하게 사용할 수 있도록 플러그인으로 연동되어 있습니다. [Pexels]를 활용하면 디자인에 필요한 이미지를 무료로 쉽게 사용할 수 있습니다.

TIP 유사 앱: [Pixabay]

01 [앱] 클릭 – 상단 검색창에 'pexels'라고 검색한 뒤 해당 앱을 클릭합니다.

02 [요소]에 있는 사진을 사용할 때와 마찬가지로 검색창에 필요한 단어를 검색하여 원하는 주제의 사진을 찾을 수 있어요.

3.15 QR code – 무료 버전

QR 코드를 통해 웹사이트나 특정 링크로 바로 연결되도록 할 수 있어, 블로그나 SNS 홍보 시 유용하게 사용할 수 있습니다.

캔바에는 [Hello QAr], [Gen QR] 등과 같은 수많은 QR 코드 생성 관련 앱들이 있습니다. 이 중에서 가장 손쉬운 앱인 [QR code]를 이용하면 간단하게 생성할 수 있어요.

01 [앱] 클릭 – 상단 검색창에 'qr code'라고 검색한 뒤 해당 앱을 클릭합니다.

02 연결하고 싶은 URL을 입력한 후 **[코드 생성]**을 눌러주세요.

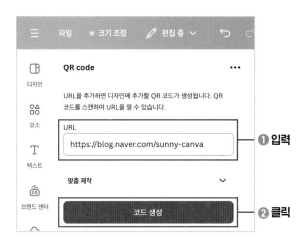

03 캔버스에 해당 QR 코드가 생성되었습니다. 홍보물 제작 시 홍보물에 QR 코드를 함께 넣어서 활용할 수 있어요.

3.16 Google 포토 - 무료 버전

스마트폰에 있는 사진을 구글 포토와 연동해놓았다면 구글 포토에 있는 사진을 캔바로 손쉽게 불러와 작업할 수 있습니다.

01 [앱] 클릭 - 상단 검색창에 'Google'이라고 검색하면 구글 아이콘이 나타납니다.

02 [Google 포토]를 클릭하면 구글 계정에 로그인하라는 메시지가 나타납니다. 계정에 로그인하고 캔바가 구글 포토에 접근할 수 있도록 허용하세요. 연동이 완료되면 구글 포토에서 저장된 이미지를 캔바로 불러올 수 있습니다.

03 원하는 이미지를 선택해 캔바 디자인 작업에 손쉽게 추가해보세요.

선택

3.17 Brandfetch – 무료 버전

브랜드의 로고와 색상을 손쉽게 불러오는 앱입니다. [Brandfetch]는 브랜드의 웹사이트에서 자동으로 정보를 가져오므로, 브랜드 로고나 색상이 변경되면 자동으로 최신 정보가 반영됩니다. 로고 찾아 이리저리 헤맬 필요 없이 [Brandfetch]에서 바로 해결할 수 있어 편리합니다.

01 [앱] 클릭 – 상단 검색창에 'brand'라고 검색하면 [Brandfetch]를 찾을 수 있습니다.

02 원하는 브랜드 이름을 검색하면 로고를 찾을 수 있습니다.

03 브랜드의 로고, 로고에 사용된 색상, 로고와 관련 이미지를 보여줍니다. 불러온 로고나 이미지를 캔버스에 드래그앤드롭하여 사용합니다.

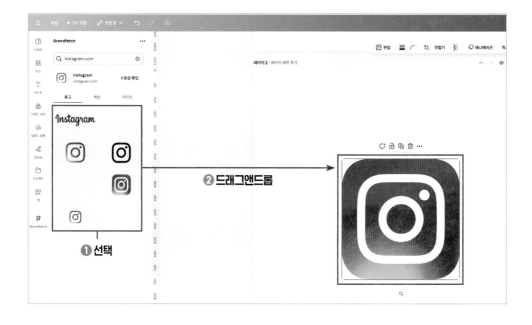

3.18 Easy Reflections – 무료 버전

이미지의 미러링 효과를 손쉽게 만들어주는 앱입니다.

01 [**앱**] 클릭 – 상단 검색창에 'easy'라고 검색하면 해당 앱을 찾을 수 있습니다.

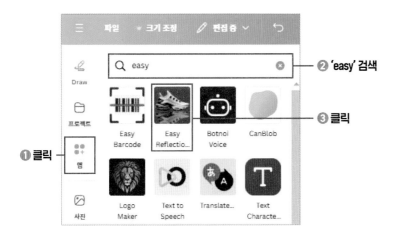

02 'Select an element in your design'이란 문장이 나오면 미러링 효과를 적용해줄 이미지를 캔버스에 불러와서 마우스로 선택합니다.

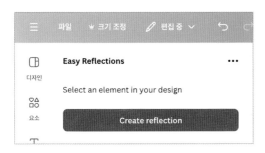

03 그 후 [**Create reflection**]을 클릭하면 세부 조정 메뉴가 나옵니다.

04 세부 조정 메뉴를 조절합니다.

① Position: 미러링 효과를 어느 위치에 적용할지 위치를 선택합니다. 위치는 상하좌우 모두 적용 가능합니다.

② Offset(반사정도): 이미지의 반사 효과가 얼마나 멀리 떨어져서 나타날지 설정할 수 있습니다. 슬라이더를 움직여 반사의 위치를 미세하게 조정하세요.

③ Opacity(불투명도): 반사의 투명도를 조절할 수 있습니다. 투명도를 낮추면 더 은은한 반사 효과를, 높이면 뚜렷한 반사 효과를 얻을 수 있습니다.

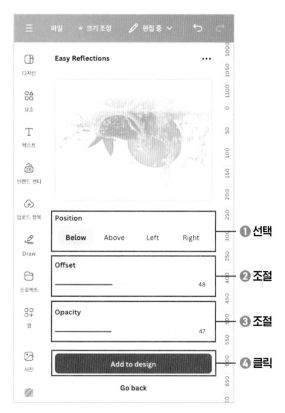

05 조절을 마친 후, [**Add to design**]을 클릭하면 선택한 반사 효과가 디자인에 추가됩니다.

3.19 Character Builder – 무료 버전

다양한 캐릭터를 생성할 수 있습니다. 이 앱은 스토리북, 교육 자료, 소셜 미디어 콘텐츠 등 다양한 프로젝트에서 맞춤형 캐릭터를 쉽게 만들고 사용할 수 있어 매우 유용합니다.

TIP 같은 결의 캐릭터를 여러 개 생성해야 할 때 도움이 되는 앱입니다.

01 [앱] 클릭 – 메뉴 상단 검색창에 'character'라고 검색하면 해당 앱을 찾을 수 있습니다.

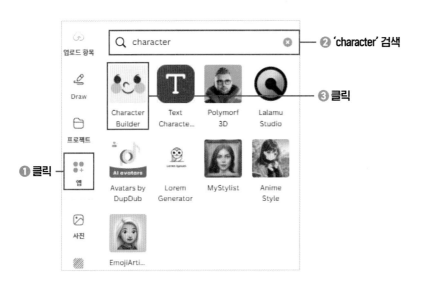

02 [머리], [얼굴], [몸통], [피부색], [머리 색]을 조합하여 원하는 캐릭터를 만들 수 있습니다.

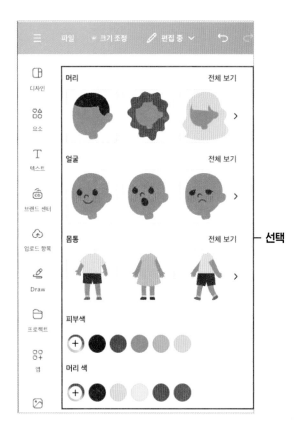

선택

① 머리

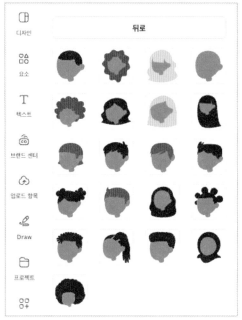

② 얼굴

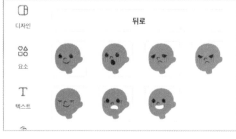

③ 몸통

03 [**머리**], [**얼굴**], [**몸통**]을 조합하여 캐릭터를 완성했습니다.

3.20 TypeLettering – 무료 버전

[TypeLettering]은 텍스트에 독창적인 폰트 스타일과 색상을 적용하여 디자인을 완성하는 데 유용합니다. 텍스트 자체에 스타일링을 하여 배너, 포스터, SNS 콘텐츠 등 다양한 그래픽 작업에서 활용할 수 있습니다.

유사 앱으로는 [Text Maker], [TypeExtrude], [TypeCraft] 등이 있습니다.

01 [앱] 클릭 – 상단 검색창에 'typelettering'을 검색한 뒤 해당 앱을 클릭합니다.

02 총 10가지의 타이포그라피를 선택할 수 있습니다. 이 중에서 [Summer Vibes]를 클릭해볼게요.

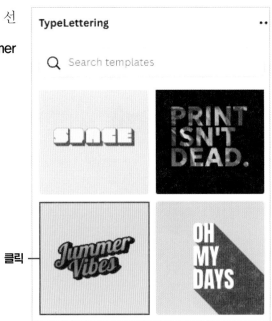

03 그 후 자신이 원하는 디자인의 세부 설정을 입력합니다.

① **Main text**: 이 필드에 입력한 텍스트가 디자인에 표시됩니다. 예시에서는 'Hello' 라고 입력해보았어요.

② **Font**: 텍스트에 적용할 폰트를 선택하는 메뉴입니다. 기본적으로는 'Pattaya'가 선택되어 있지만, 클릭하면 다양한 폰트 옵션을 선택할 수 있습니다.

③ **Alignment**: 텍스트의 정렬을 설정할 수 있는 옵션입니다. **[왼쪽 정렬]**, **[가운데 정렬]**, **[오른쪽 정렬]**을 선택할 수 있습니다.

④ **Line height**: 텍스트의 줄 간격을 조정하는 슬라이더입니다. 여러 줄의 텍스트가 있을 경우 줄 간격을 더 넓히거나 좁힐 수 있습니다.

⑤ **Colors**: 텍스트에 적용할 색상을 선택하는 부분입니다. 이미지에서는 여러 가지 색상 옵션이 표시되고 있으며, 사용자가

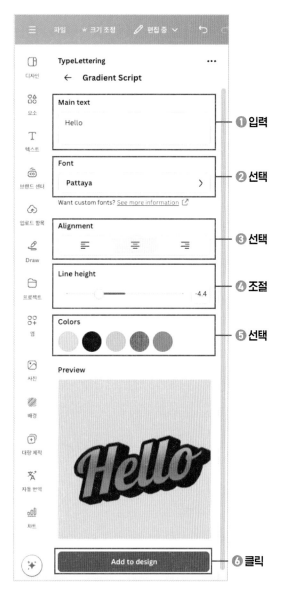

선택한 색상에 따라 텍스트의 색상이 변경됩니다. 다양한 색상 팔레트 중에서 선택할 수 있습니다. 해당 이미지의 배경색은 캔버스에서 배경 색상을 적용한 모습입니다.

⑥ **Preview**: 현재 설정한 텍스트와 스타일의 미리보기가 하단에 표시됩니다. 실제로 디자인에 적용되기 전에 미리보기를 통해 결과물을 확인할 수 있습니다.

⑦ **Add to design**: 이 버튼을 클릭하면 설정한 텍스트와 스타일이 디자인에 추가됩니다. 이후에도 편집이 가능하며, 배치나 크기, 다른 요소와의 조화를 맞출 수 있습니다.

4장 캔바로 SNS 디자인하기

4.1 인스타그램 크리에이터 되기

인스타그램을 해야 하는 이유

인스타그램은 전 세계적으로 수억 명의 활성 사용자를 보유하고 있어, 어떤 소셜 미디어보다도 빠르게 정보를 전파할 수 있는 플랫폼입니다. 콘텐츠가 바이럴되거나 인기를 얻으면 순식간에 수천, 수만 명에게 도달할 수 있습니다. 이는 특히 새로운 제품이나 이벤트를 대중에게 알릴 때 매우 효과적인 홍보 수단이 됩니다. 팔로워와의 상호작용을 통해 브랜드의 충성도를 높이고, 파급력 있는 콘텐츠를 통해 브랜드를 더 넓은 대중에게 알릴 수 있는 기회를 제공합니다. 저 또한 인스타그램을 통해 많은 수강생 분들과 만나고 있습니다. 이러한 이유들로 인스타그램은 많은 기업과 개인이 디지털 마케팅 전략에 중요하게 포함시키는 플랫폼입니다.

인스타 피드

주제 중심의 인스타그램 피드의 중요성

- **전문성 강화:** 하나의 주제나 분야에 집중하면 해당 분야의 전문가로 인식될 가능성이 높아집니다. 이는 팔로워들이 해당 주제에 관련된 깊이 있는 정보를 원할 때, 해당 계정을 참고 자료로 활용하게 만듭니다. 전문성은 팔로워와 새로운 방문자들에게 신뢰감을 주며, 이는 장기적인 팔로워 유지에 긍정적인 영향을 미칩니다.

- **알고리즘 최적화:** 인스타그램의 알고리즘은 사용자의 관심사와 상호작용을 기반으로 콘텐츠를 제안합니다. 한 주제에 초점을 맞추어 꾸준히 콘텐츠를 제작하면, 알고리즘이 해당 주제에 관심 있는 사용자들에게 계정을 더 자주 보여줄 가능성이 커집니다.

- **브랜드 아이덴티티 명확화:** 한 가지 주제에 집중하면 브랜드 아이덴티티가 더 명확해지고, 이를 통해 브랜드에 대한 고유성과 차별점을 강조할 수 있습니다. 이는 브랜드와 관련된 모든 마케팅 활동에서 일관된 메시지를 전달하는 데 도움이 됩니다.

이와 같은 이유로, 한 가지 주제에 초점을 맞춘 인스타그램 계정은 브랜드의 전문성과 신뢰성을 높이고, 강력한 팔로워 기반을 구축하는 데 중요한 역할을 합니다. 이를 통해 더 깊이 있는 참여를 유도하고, 브랜드 가치를 장기적으로 증진시키는 효과적인 수단이 됩니다.

인스타 피드 디자인이 중요한 이유

- **첫인상의 힘:** 방문자는 프로필을 클릭하는 순간 인스타그램 피드의 전반적인 디자인을 보고 브랜드나 개인에 대한 첫인상을 형성합니다. 깔끔하고 조직적으로 정렬된 피드는 전문성과 세심함을 전달하며, 이는 팔로워와 새로운 방문자의 신뢰를 쌓는 데 도움이 됩니다.
- **참여 유도:** 시각적으로 매력적인 피드는 사용자가 좋아요를 누르고, 댓글을 달고, 공유할 가능성을 높입니다. 높은 참여도는 인스타그램 알고리즘에 긍정적으로 작용하여, 게시물의 노출을 증가시키고 더 많은 사용자에게 도달할 수 있습니다.

캔바에서 템플릿을 검색하고 템플릿의 디자인을 변형하여 새로운 인스타 피드를 만들어볼게요.

원본 템플릿　　　　　　　　　디자인을 변형한 템플릿

01 인스타 피드를 만들기 위해 **[+ 디자인 만들기]**를 클릭한 후 **[소셜 미디어]** − **[인스타그램 게시물(정사각형)]**을 클릭합니다.

③ [인스타그램 게시물] 클릭
② [소셜 미디어] 클릭

02 [디자인] 메뉴에서 '노란색 레몬'이라고 검색하고 템플릿을 선택하였습니다. 예시에선 이 템플릿으로 사과를 홍보하는 홍보 피드를 만들어볼게요.

① [디자인] 클릭
② '노란색 레몬' 검색
③ 선택

- 템플릿 이름: 노란색 레몬 사진 음식 인스타그램 게시물
- 템플릿 크리에이터: Canva Creative Studio(@canvacreativestudio)

TIP [디자인] 메뉴에서 템플릿을 선택할 땐 내가 제작하려는 주제와 관련된 단어를 검색하면 됩니다. 예를 들어 맛집을 주제로 만든다면 '맛집'을 검색하면 됩니다.

03 홍보하는 제품이 달라졌으므로 '레몬' 이미지를 '사과' 이미지로 바꿔볼게요. 왼쪽 [요소] 메뉴를 클릭하고 검색창에 '사과' 또는 'apple'을 검색합니다. 그리고 [사진]을 클릭해 검색 결과 중에서 마음에 드는 사진을 선택합니다. 그 후에 원본 템플릿의 레몬 사진 위에 배치하고 사과 사진의 꼭지점을 드래그하여 캔버스 크기에 맞게 확대합니다.

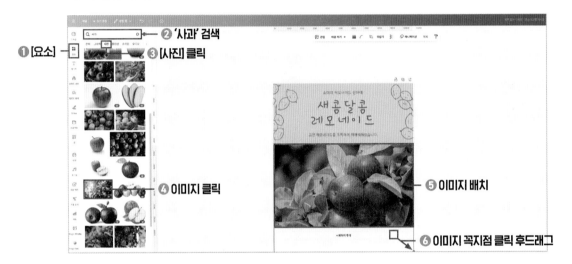

04 [배경 색상]을 변경하겠습니다. 노란색 배경을 클릭하고 상단의 [배경 색상]을 클릭하여 왼쪽의 색상 팔레트에서 [하얀색]으로 변경합니다. 주변의 불필요한 그래픽 요소는 각각 클릭하고 🗑️을 눌러 삭제하겠습니다.

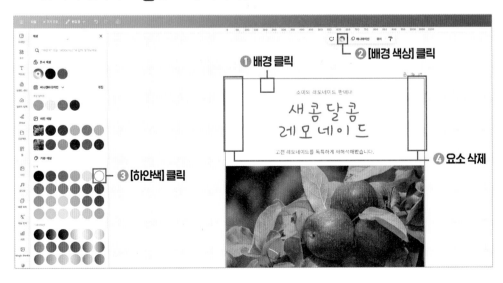

05 사과를 홍보하는 문구로 바꿔보겠습니다. 위에서부터 순서대로 '11월 할인 이벤트', '고당도 프리미엄', '라라나 꿀사과'로 각각 바꿔주고 마지막 줄의 '고전 레모네이드를 독특하게 재해석해봤습니다'는 삭제하겠습니다.

06 '고당도 프리미엄'과 '라라나 꿀사과'의 글꼴을 '210 썸타임'으로 변경합니다. 그리고 '고당도 프리미엄'의 글자 크기를 줄입니다.

07 '라라나 꿀사과'는 [텍스트 색상]을 클릭 후 [밝은 빨강]으로 글자 색을 바꿉니다. '11월 할인 이벤트'도 같은 방식으로 글자 색을 [하얀색]으로 변경하고 [굵게]를 클릭합니다. 그리고 상단 메뉴 [효과]에 있는 [배경]을 적용한 후 배경 색상을 [밝은 빨강]으로 변경합니다.

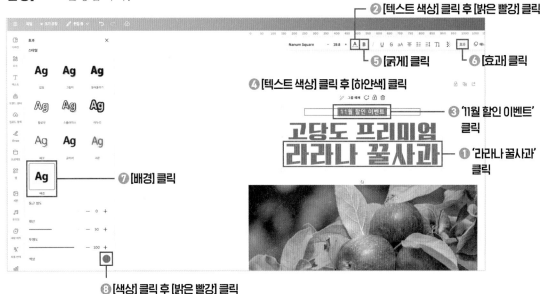

08 사과를 홍보하는 인스타 피드가 완성되었습니다.

09 작업한 파일을 다운로드하겠습니다. **[공유]** − **[다운로드]**를 클릭해주세요. **[페이지 선택]**에서 여러 장의 페이지가 있는 상태라면 해당 페이지만 체크한 후 **[완료]** − **[다운로드]**를 클릭해주세요.

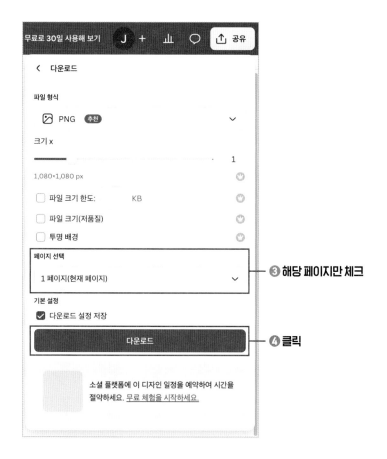

❸ 해당 페이지만 체크

❹ 클릭

바로 활용하기 스마트폰으로 간편하게 공유하는 법

[공유] – [모두 보기] – [휴대전화로 전송]을 클릭하고 QR 코드를 스마트폰의 카메라로 스캔하면 캔바 앱으로 연동됩니다. 캔바에서 다운로드한 후 스마트폰으로 인스타그램 또는 카카오톡 등에 업로드하면 됩니다. 단, PC버전과 동일한 아이디로 로그인되어 있어야 합니다. 아이디가 다를 경우, [협업 링크] – [링크가 있는 모든 사용자]로 변경합니다. 자세한 방법은 2장의 '공유'(p.77)을 참고하세요.

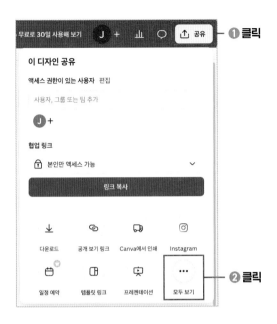

❶ 클릭

❷ 클릭

❸ 클릭

④ 스마트폰으로 스캔

[업로드]

[다운로드]

핸드폰 화면 상단을 보면 ↥[**업로드**]와 ↧[**다운로드**]가 나옵니다. ↧[**다운로드**]를 클릭하면 해당 작업 화면의 전체 페이지가 다운로드됩니다. 만약 여러 페이지가 있는 작업 화면 중 일부만 다운로드하고 싶다면 ↥[**업로드**]를 클릭 후 원하는 페이지만 선택하여 다운로드하면 됩니다.

TIP 캔바 앱의 화면 구성은 스마트폰의 기종에 따라 다를 수 있습니다.

인스타 피드 미리 맞춰보기

01 캔바 첫 화면 – 'instagram grid' 입력 – [**Canva 템플릿**] 클릭 – Enter

02 관련 템플릿들이 나옵니다. 이 템플릿을 선택하세요.

· 템플릿 이름: Instagram grid maker

· 템플릿 크리에이터: Canva Creative Studio(@canvacreativestudio)

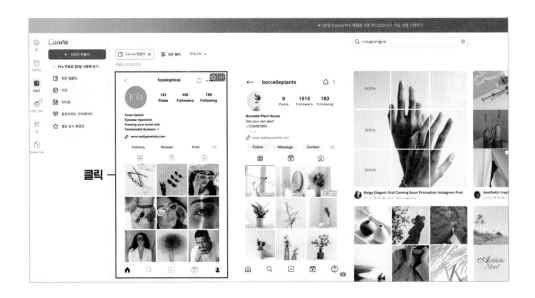

03 [이 템플릿 맞춤 편집하기] 클릭

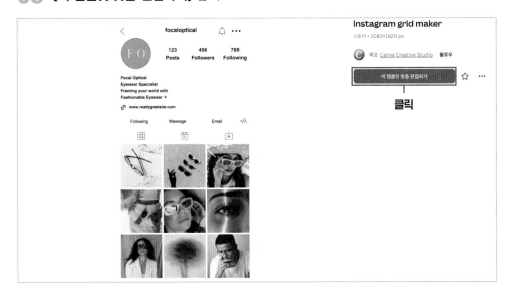

04 인스타 피드로 디자인된 템플릿입니다. 그리드 형태의 프레임으로 구성되어 있어 피드에 올리기 전 업로드할 이미지의 구성을 미리 맞춰볼 수 있어요. 실수 없이 올리기를 원한다면 이용해보시면 좋습니다.

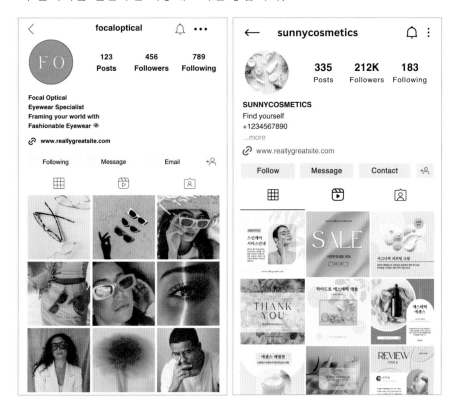

인스타 프로필

인스타그램 프로필 사진은 사용자의 계정 페이지에서 가장 먼저 눈에 띄는 시각적 요소 중 하나입니다. 이 사진은 작은 원형 이미지로 표시되며, 다른 사용자가 인스타그램에서 계정을 검색하거나 게시물 업로드 또는 댓글 작성 시 표시됩니다. 복잡한 디자인은 작은 사이즈에서 불분명하게 보일 수 있으므로, 간단하고 명확한 디자인을 선택하는 것이 좋습니다.

01 캔바 첫 화면 – '프로필 사진' 검색 – **[Canva 템플릿]** 클릭 – Enter

💡TIP [모든 콘텐츠]를 클릭하면 내가 그동안 작업했던 작업물들이 보입니다.

02 그러면 이렇게 프로필 사진 템플릿들만 필터링되어 보입니다.
왼쪽 상단 해당 템플릿의 총 개수가 표시되고 있습니다.

03 스크롤을 내려서 이 템플릿을 선택하고 **[이 템플릿 맞춤 편집하기]**를 클릭합니다.

· 템플릿 이름: Yellow Simple Depot Profile Picture
· 템플릿 크리에이터: Dstudio(@dstudioo)

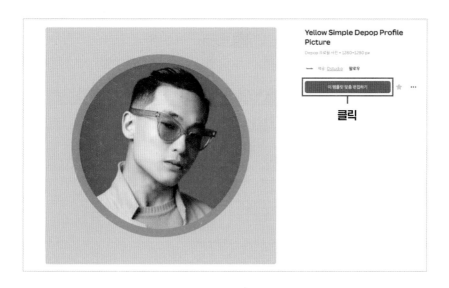

04 사진을 마우스로 클릭한 후 상단 도구 모음에 있는 **[위치]** 클릭 − **[레이어]**를 클릭해서 확인해보면 뒤에 주황색의 도형이 놓여 있는 상태이고 앞에 초록색 배경의 사진이 원형 프레임 안에 들어가 있는 상태입니다.

원형 프레임 안에 있다는 것을 확인하는 방법은 사진 클릭 후 마우스 오른쪽 버튼을 클릭했을 때 **[이미지 분리하기]** 메뉴가 나온다면 사진이 프레임안에 있다는 뜻입니다. 프레임이 있는 상태이기 때문에 우리가 변경하려는 사진을 드래그앤드롭하면 쉽게 사진이 교체될 겁니다.

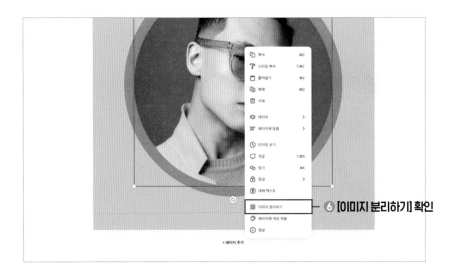

6 [이미지 분리하기] 확인

05 [업로드 항목] – [파일 업로드] – 프로필에 넣어줄 내 사진을 캔바에 업로드합니다. 업로드가 완료되면 이미지 쪽에 사진이 들어와 있는 모습이 보입니다.

1 클릭

2 클릭

3 이미지 업로드

06 사진을 프레임 안으로 드래그앤드롭하여 넣어줍니다. 사진이 너무 위로 올라 갔다면 마우스로 더블클릭하여 사진의 위치를 아래로 조정해줍니다.

07 사진의 배경이 들어간 상태인데요, 배경을 제거하고 싶다면 사진 클릭 후 상 단 도구 모음의 **[배경 제거]**를 클릭합니다.

> **TIP** **[배경 제거]**는 Pro버전에서 사용할 수 있으니, 무료 사용자는 **[Clear Background]**를 이용해보세요.
> 자세한 사용법은 '3장 캔바 AI와 유용한 앱 알아보기'(p.126)를 참고하세요.

08 그러면 사진의 배경이 제거되면서 뒤에 있는 도형의 색상만 남게 되었습니다.

이미지 배경 제거

09 도형의 배경색을 바꿔 주고 싶다면 **[도형]** 클릭 - 상단 도구 모음의 **[색상]**을 클릭하고 색상 팔레트에서 변경하면 됩니다. 저는 블루 계열을 선택해보았습니다.

② [색상] 클릭

③ 클릭

① 원 클릭

10 배경 색상에 그라데이션을 넣고 싶다면, **[문서 색상]** – **[새로운 색상 추가]** 클릭 – **[그라데이션]** 클릭 – 자동으로 색상이 하나 추가되었는데요 이 색상을 **[하얀색]**으로 바꿔줍니다.

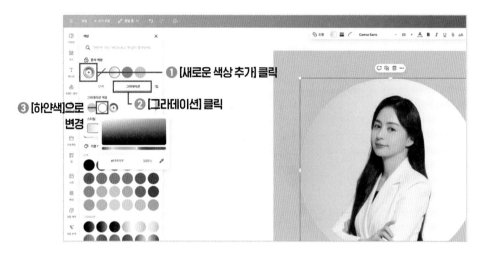

11 **[스타일]**에서 그라데이션의 위치도 선택할 수 있습니다. 그리고 현재는 도형과 사진 사이에 간격이 있는 상태입니다.

12 테두리를 넣어 주고 싶다면 상단 도구 모음의 **[테두리 스타일]**, **[테두리 색상]**에서 테두리의 형태, 굵기, 색을 선택할 수 있습니다.

TIP **[테두리 색상]**은 **[테두리 스타일]**을 먼저 선택한 후에 나오는 메뉴입니다.

13 테두리를 넣을 필요가 없다면 사진을 클릭한 상태에서 꼭지점을 마우스로 클릭하여 사진을 키워주고, 원형에 맞춰줍니다.

14 원형 도형 밖의 배경을 클릭한후, 상단 도구 모음의 **[배경 색상]**을 클릭하고
색상 팔레트에서 **[하얀색]**을 적용합니다.

💡**TIP** 원형 바깥쪽의 배경은 인스타 프로필에는 표시되지 않는 영역입니다. 색상을 변경하지 않으셔도
무방합니다.

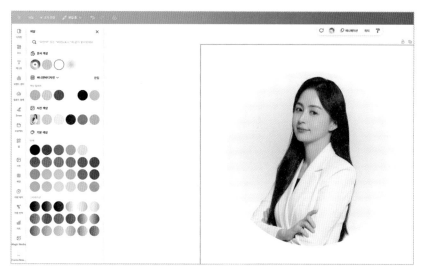

15 인스타그램에 적용하기 위해서 완성한 디자인을 스마트폰에 옮겨보겠습니다.

💡**TIP** 스마트폰의 갤러리로 보내는 방법은 '스마트폰으로 간편하게 공유하는 법'(p.194)을 참고하세요.

하이라이트 커버

하이라이트 커버 또한 프로필 방문자의 눈에 띄는 첫 요소 중 하나입니다. 잘 디자인된 커버는 방문자에게 긍정적인 첫인상을 줄 수 있으며, 전문성과 세심함을 전달합니다.

01 **캔바** 홈화면 – 검색창 'Instagram highlight cover' 검색 – [Canva 템플릿] 클릭 – Enter

02 하이라이트 커버 템플릿만 필터링됩니다. 왼쪽 상단에 총 20,000개의 템플릿이 있다고 나오네요. 아래로 스크롤하여 마음에 드는 템플릿을 선택합니다. 아이콘으로 이루어진 템플릿과 텍스트로 이루어진 템플릿들이 보일 겁니다. 원하는 스타일을 선택합니다.

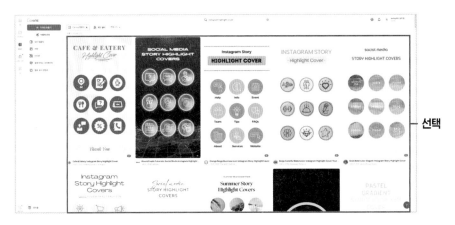

03 템플릿을 선택합니다. 디자인을 둘러본 후 마음에 드는 것을 선택하면 됩니다. 실습에서는 이 템플릿을 클릭합니다.

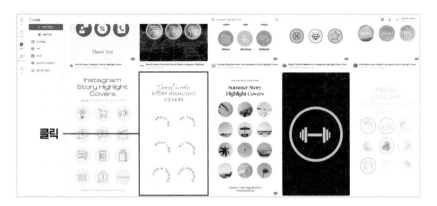

- 템플릿 이름: Beige Aesthetic Minimalist Instagram Story Highlight Cover
- 템플릿 크리에이터: Lucie Sindelkova(@luciesindelkova)

04 [이 템플릿 맞춤 편집하기]를 클릭합니다.

05 편집 화면으로 들어오게 됩니다.

1페이지는 커버의 미리보기 화면입니다. 스크롤을 내려보면 2페이지부터는 한 페이지에 하나의 커버가 들어 있는 모습이 보입니다. **[하이라이트 커버]**는 개별 페이지에서 각각 작업 후 다운로드할 겁니다. 이 템플릿은 텍스트로 이루어진 커버인데요, 커버의 색상을 바꾸고, 텍스트가 아닌 아이콘으로 바꿔보도록 하겠습니다.

06 커버의 색상을 변경하기 위해서 1번 하이라이트 커버를 클릭하고 상단 도구 모음의 **[색상]**에서 원하는 팔레트의 컬러로 변경합니다. 인스타 프로필을 만들었을 때 사용했던 색상과 동일하게 한다면 세트 느낌으로 통일감 있어 보일 거예요. '인 스타 프로필'(p.205)에서 그라데이션을 사용했으니 이번에도 동일한 컬러의 그라데 이션을 사용해보도록 하겠습니다. **[문서 색상]** – **[새로운 색상 추가]** 클릭 – **[그라데이 션]** 클릭 – 새로 자동 추가된 색상을 **[하얀색]**으로 변경하고 스타일을 선택합니다.

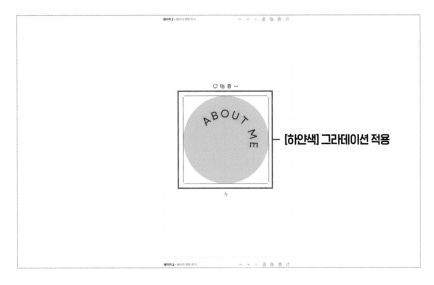

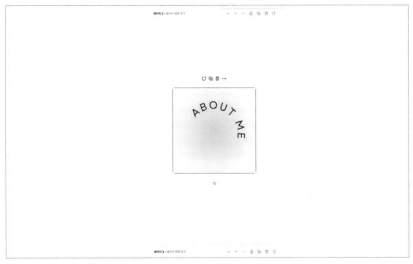

07 하이라이트는 최소 4개를 추천드립니다. 그 이하는 비어 보이기 때문에 4~5 개가 적당합니다. 나머지 페이지의 하이라이트도 동일하게 색상을 맞춰줄께요. **[문 서 색상]**의 **[새로운 색상 추가]** 오른쪽에 방금 적용한 그라데이션 컬러가 팔레트에 생 긴 것을 확인할 수 있습니다. 클릭하여 바로 적용해주세요. 나머지 커버도 동일하게 적용합니다.

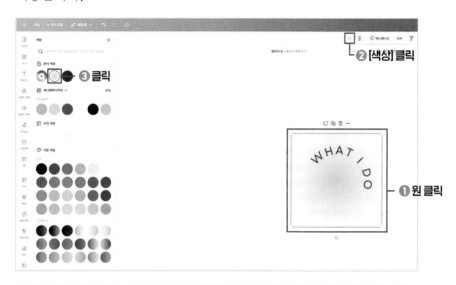

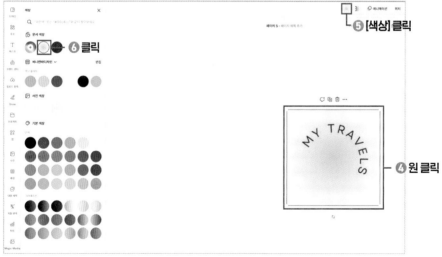

08 이번에는 하이라이트 커버 안쪽에 텍스트가 아닌 아이콘으로 변경하도록 하겠습니다. 아이콘은 내가 어떤 메뉴를 만들 건지에 따라 해당 메뉴와 어울리는 아이콘을 넣어주면 됩니다. 깔끔하게 라인으로 이루어진 그래픽 요소를 가져오도록 할게요.

[요소] – 검색창 '아이콘' 검색 – [그래픽]을 클릭하면 이렇게 라인으로 이루어진 아이콘들이 필터링되어 보입니다. 이 중에서 원하는 게 바로 보인다면 바로 클릭하고 아이콘을 중앙에 배치해주세요. 기존의 텍스트는 삭제합니다.

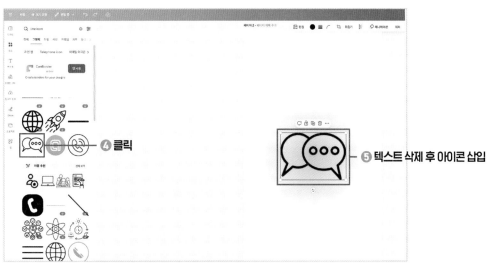

09 원하는 아이콘을 바로 찾을 수 없다면 더 상세하게 검색합니다. '후기' 관련 아이콘이 필요하다면 '후기' 또는 '리뷰'를, 강의 공지 관련 아이콘이 필요하다면 '강의'를, 고객의 Q&A 관련 아이콘이 필요하다면 'Q&A'를 검색해서 찾고 배치합니다.

10 아이콘의 색상을 변경하고 싶다면 상단 도구 모음의 **[색상]**을 클릭하여 팔레트에서 원하는 컬러로 변경합니다.

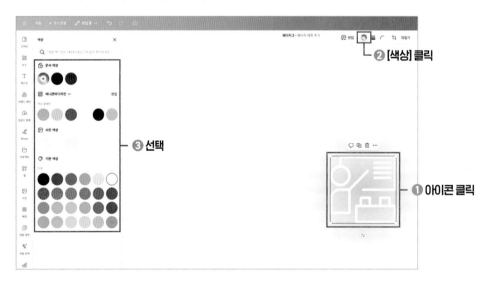

11 저는 'ABOUT me', '수강생 리뷰', '오프라인 강의', '온라인 강의' 하이라이트 커버를 만들었습니다.

12 인스타그램에 적용하기 위해서 완성한 디자인을 스마트폰으로 옮겨보겠습니다.

🔅**TIP** 인스타그램에 공유하고 싶다면 '인스타 피드'의 '스마트폰으로 간편하게 공유하는 방법'(p.194)을 참고하세요.

프로필 사진과 하이라이트 커버 활용 예시

릴스

인스타그램 릴스(Reels)는 인스타그램에서 제공하는 숏폼 콘텐츠로, 시각적으로 매력적인 콘텐츠를 제작한다면 사용자의 참여를 유도하고, 더 많은 좋아요, 댓글, 공유를 유도할 수 있습니다. 높은 참여율은 인스타그램 알고리즘에 긍정적으로 작용하여 더 많은 사용자에게 노출됩니다. 브랜드나 개인이 더 넓은 관객에게 도달할 수 있는 기회를 늘립니다.

01 [+ 디자인 만들기] − [소셜 미디어] − [Instagram Reels]를 클릭합니다.

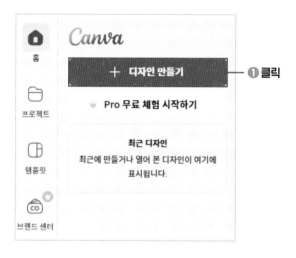

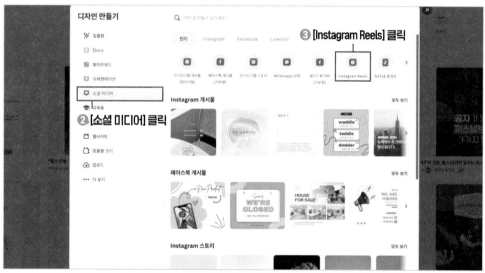

02 영상 가져오기: 직접 촬영한 동영상을 업로드하거나 **[요소]**의 **[동영상]**에서 필요한 동영상을 선택하여 릴스를 만들 수 있습니다. 예시에선 **[요소]**의 **[동영상]**을 사용해보겠습니다.

💡 **TIP** 본인 계정에 올린 릴스를 만들고자 한다면 직접 촬영한 동영상을 이용하는 방법을 추천해드립니다.

실습에서 사용한 무료 요소의 동영상 정보

① alfresco dining appetizers brunch

② shot of German family celebrating outdoor brunch

③ alcoholic bar drink beverage

④ close up shot outdoor brunch on table

⑤ Appetizing breakfast brunch

무료 요소 5개를 사용했는데, 추가로 제가 소장하고 있는 동영상을 사용했습니다. 독자분들도 본인의 동영상을 추가하여 사용해보세요.

① alfresco dining appetizers brunch

② shot of German family celebrating outdoor brunch

③ alcoholic bar drink beverage

④ close up shot outdoor brunch on table

⑤ Appetizing breakfast brunch

03 'alfresco dining appetizers brunch' 영상부터 가져오겠습니다. **[요소]**의 검색창에 해당 영상의 이름을 검색한 후 **[동영상]**을 클릭해주세요.

04 캔버스에 해당 영상이 들어왔습니다. 마우스로 영상을 우클릭하여 **[동영상을 배경으로 설정합니다]**를 클릭하여 배경에 꽉 채워줍니다.

05 릴스는 세로형의 영상이죠. 검색 결과에는 다양한 비율의 동영상이 나오는데요. 세로 동영상만 확인하고 싶다면 검색창 오른쪽 ⚙를 클릭하고 비율에서 **[세로형]**에 체크하면 세로형 동영상만 필터링해줍니다.

06 이어서 다음 페이지에도 영상을 계속 추가해보겠습니다. 새로운 영상을 추가할 때에는 다음 페이지 **[+]** 버튼을 클릭한 후에 새로운 영상을 추가해주세요. **[+]**를 클릭하지 않으면 동일한 페이지에 영상이 계속 덮어씌워집니다.

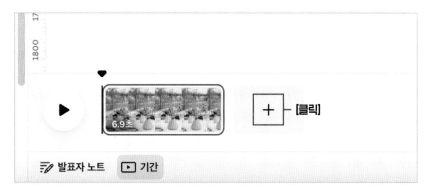

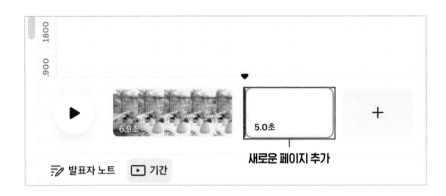

07 **[요소]** 검색창의 기존 검색어를 지운 후 새로운 검색어 'shot of German family celebrating outdoor brunch'를 검색해보겠습니다. 해당 동영상 클릭 – **[동영상을 배경으로 설정합니다]**를 클릭합니다. 이런 식으로 수록된 동영상 제목을 검색하여 나머지 영상들을 모두 추가해주세요.

[동영상을 배경으로 설정합니다] 설정

08 [업로드 항목]에서 직접 업로드한 동영상은 [업로드 항목]의 [이미지]가 아닌, [동영상]에서 확인할 수 있습니다.

09 기존의 영상들 사이에 추가하는 것을 원한다면 영상과 영상 사이의 빈 공간에 마우스를 클릭하면 **[페이지 추가]** 버튼이 생깁니다. 이 버튼을 클릭하면 빈 페이지가 추가됩니다. 이 상태에서 새로운 영상을 추가하면 됩니다.

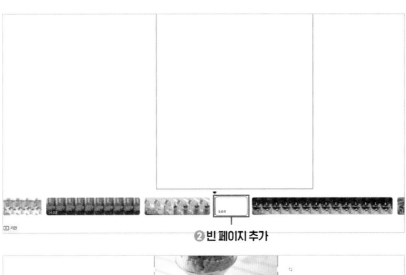

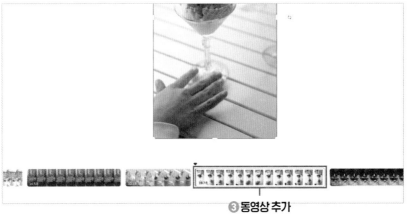

10 영상이 많아져 한 화면에서 뒤쪽의 영상이 안 보인다면, 아래 스크롤을 클릭하여 좌, 우로 이동하면 됩니다.

❶ 스크롤 클릭

❷ 클릭 후 드래그

11 현재 영상들의 왼쪽 아래를 보면 영상의 길이(시간)이 나옵니다. 숏폼이라고 하기엔 현재 영상 길이는 긴 편입니다. 영상 길이를 줄여볼게요. 길이를 조절하고 싶은 영상을 먼저 마우스로 클릭합니다. 영상 앞쪽을 삭제하고 싶다면 영상 앞머리를 오른쪽으로 드래그하고, 영상 뒷쪽을 삭제하고 싶다면 반대로 영상 뒷머리를 왼쪽으로 드래그합니다. 그런 식으로 총 1초로 전부 줄여볼게요.

TIP 영상의 주제와 분위기에 따라 영상 길이는 그때그때 달라요.

12 또는 상단 도구 모음의 ✂ 버튼을 클릭하면 동일한 방식으로 영상 길이를 자를 수 있어요. 원하는 영상 길이를 숫자로 입력할 수 있고, 원하는 구간을 마우스로 선택 후, 자를 수 있어요. 영상 길이를 자르고 구간을 선택한 후 **[완료]**를 누르면 됩니다.

❶ 클릭

❷ 구간 선택

❸ [완료] 클릭

13 영상 길이를 전부 1초로 조절했습니다.

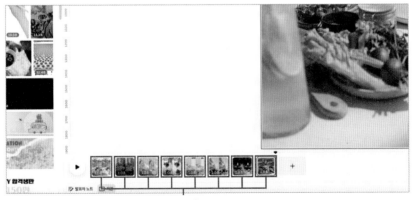

각 영상 길이 1초로 조절

14 자막 넣기: 텍스트를 추가하여 글씨를 씁니다.

· Seoul – 글꼴: playfair display ⊕ 글꼴 크기: 95 ⊕ 글자 색: 하얀색

· 요즘 뜨는 강남 핫플! 이번주 여기 어때? – 글꼴: Gothic A1 ⊕ 글꼴 크기: 35 ⊕
  글자 색: 하얀색

저는 서울의 맛집을 소개하는 문구로 작성해봤습니다. 'Seoul' 대신 해당 맛집의 상
호를 넣어도 됩니다.

15 자막 위치 조정: 릴스는 하단에 캡션이 들어가므로 자막의 위치는 가운데에
서 살짝 위에 오는 것이 좋습니다. 위치를 조정할 때는 두 개의 텍스트를 전체 드래
그하여 함께 이동시키거나, Shift 를 누른 상태에서 각각의 텍스트 박스를 클릭한
후, 동시에 위치를 맞추면 편합니다.

정중앙이 어디인지 확인하려면 마우스를 위아래로 움직이거나 좌우로 움직였을 때
가로 실선, 세로 실선이 동시에 생기는 지점이 정중앙입니다. 가로는 정중앙을 유지
하되 세로 위치를 정중앙보다 살짝 위로 올려서 배치해줍니다.

텍스트 위치 조정

16 글자 복사 붙여넣기: 자막을 모든 페이지 또는 원하는 페이지에 보여주고 싶다면 텍스트를 전부 드래그하여 원하는 페이지에 각각 복사 후 붙여넣기 합니다.

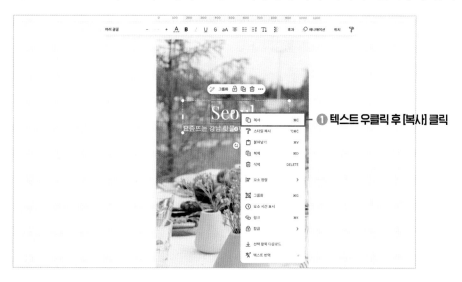

❶ 텍스트 우클릭 후 [복사] 클릭

2 텍스트 붙여넣기

17 글자 효과 넣기: 글자를 클릭하고 상단 도구 모음의 **[효과]**를 클릭하면 다양한 효과를 글씨에 추가할 수 있습니다. 여기에서는 아래 글씨에 **[배경]** 효과를 적용해서 컬러를 넣어볼게요. 모든 페이지에 적용하고 싶다면 텍스트를 복사해서 모든 페이지에 붙여넣기 합니다.

2 [효과] 클릭

1 텍스트 클릭

3 [배경] 클릭

4 [색상] 선택

18 애니메이션 효과 넣기(페이지/요소): 애니메이션 효과를 적용하려는 요소를 클릭합니다. 여기에서는 텍스트에 적용하겠습니다. 상단 도구 모음의 **[애니메이션]**을 클릭하면 해당 요소를 움직이도록 설정할 수 있습니다. 애니메이션 효과를 적용하려는 텍스트를 클릭한 후에 **[애니메이션]** – **[타자기]**를 클릭하면 글자가 한 글자씩 보이는 타자기 효과가 적용됩니다.

> **TIP** **[타자기]** 효과는 1페이지 텍스트에만 적용하고, **[입장 시]**를 체크하면 다음 페이지로 이동 시 자연스럽게 연결됩니다.

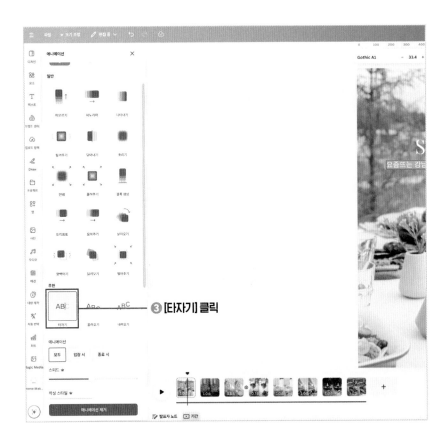

19 영상의 위치를 바꾸고 싶다면, 위치를 바꾸고자 하는 영상을 마우스로 클릭한 후에 원하는 위치로 드래그앤드롭하면 위치가 바뀝니다.

20 페이지 삭제: 삭제하려는 페이지의 영상을 클릭 후 마우스 우클릭을 하거나 영상의 우측 상단 •••를 누르면 [**1페이지 삭제**]가 있습니다. 여기를 클릭하면 해당 페이지가 삭제됩니다.

21 페이지 분할: 페이지 분할을 원하는 위치에 비디오 슬라이더를 드래그한 후 상단 도구 모음에서 ⊏⊐[**페이지 분할**]을 클릭하거나, 영상 우측 상단의 •••를 클릭하고 [**페이지 분할**]을 클릭합니다. 예시에선 후자의 방법을 이용하겠습니다.

3 분할된 동영상

22 장면 전환 효과 – 모든 페이지 적용: **[장면 전환 효과]**는 장면에서 다음 장면으로 넘어갈 때 사이에 효과를 적용해주는 기능입니다. **[장면 전환 효과]**를 넣고 싶은 영상과 영상 사이의 공간을 클릭하면 **[전환 효과 추가]**가 나타납니다. 여기를 누르면 다양한 **[전환 효과]**가 있는 패널이 나타납니다. 여기에서 원하는 효과를 추가하면 효과의 시간 또는 방향을 설정하는 세부 항목이 나옵니다. 기본 상태 그대로 두거나 원하는 상태로 조절하면 적용됩니다. 효과를 선택한 후 하단의 **[모든 페이지에 적용]**을 클릭하면 모든 페이지에 동일한 효과가 적용됩니다.

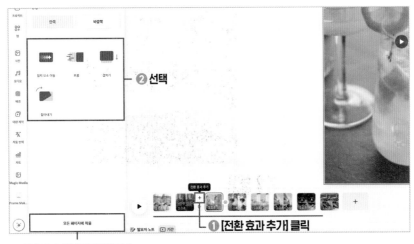

2 선택

1 [전환 효과 추가] 클릭

3 [모든 페이지 적용] 클릭

23 상단의 도구 모음: **[편집]** 패널에서는 **[조정]** 메뉴를 통해 영상의 밝기나 채도 등을 조절할 수 있고, 영상의 배경 제거, 오디오의 볼륨 조절, 동영상의 속도 조절 등을 편집할 수 있습니다.

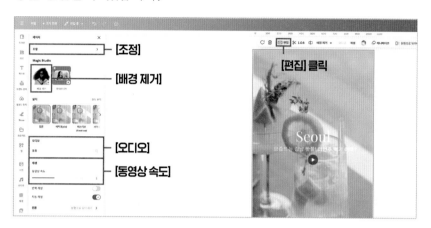

24 오디오 넣기: **[앱]** – **[오디오]**를 클릭하면 **[오디오]** 메뉴가 나옵니다. **[오디오]** 메뉴에서도 상단 검색창에 오디오를 검색할 수 있습니다. 음악의 커버를 클릭하면 미리 듣기가 가능하고, 음악의 제목을 클릭하면 음악이 영상에 삽입됩니다. 음악은 비디오 슬라이더를 기준으로 삽입됩니다.

음악이 영상의 시작부터 삽입되기를 원한다면 비디오 슬라이더를 영상의 제일 앞쪽에 배치한 후에 음악의 제목을 클릭하면 됩니다.

💡**TIP** 캔바의 **[오디오]**에 있는 음악은 다양하지 않습니다. 인스타그램 릴스 업로드 시 음악은 인스타그램 플랫폼에서 직접 적용하는것을 권장합니다.

④ 오디오 삽입

25 페이드인/페이드아웃: 영상의 아래에 있는 **[오디오]**를 클릭하면 페이지 상단에 음악 관련 도구 모음이 나옵니다. **[페이드]**를 클릭하면 **[페이드인]**과 **[페이드아웃]**을 설정할 수 있습니다. 이 기능을 사용하면 음악을 자연스럽게 시작하고 종료할 수 있습니다.

· 페이드인: 음악의 볼륨이 점점 크게 설정합니다.

· 페이드아웃: 음악의 볼륨이 작아지게 설정합니다.

❶ [페이드] 클릭
❶ [페이드인] 조절
❷ [페이드아웃] 조절

26 음악 편집 메뉴: 영상 아래에 있는 **[오디오]**를 클릭 후 를 클릭하면 **[트랙 1 개 복제]**와 **[트랙 1개 삭제]**를 이용하여 해당 오디오를 복제 또는 삭제할 수 있습니다. **[페이드]**, **[조정]**, **[볼륨]**, **[오디오 분할]** 등의 세부 항목을 변경할 수 있습니다.

27 인스타에 적용하기 위해서 완성한 디자인을 스마트폰에 옮겨보겠습니다.

TIP 인스타그램에 공유하는 방법은 '스마트폰으로 간편하게 공유하는 법'(p.194)을 참고하세요.

릴스 커버

릴스의 시작부터 자막이 나오고 앞에서 실습한 대로 자막의 위치도 설정되어 있다면 별도의 커버 없이 그대로 사용하셔도 됩니다. 다만 릴스 커버를 별도로 만들고 싶다면 자막을 그리드에서 잘리지 않는 위치로 배치해줍니다.

01 캔바의 첫 화면에서 [맞춤형 크기]를 클릭합니다. 그리고 [가로]에 '1080', [세로]에 '1920'을 입력한 후 [새 디자인 만들기]를 클릭합니다.

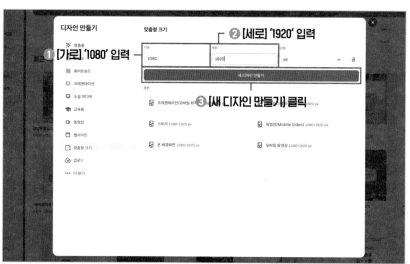

02 배경은 [배경 색상]을 클릭해 적용하셔도 되고, 릴스에 사용했던 영상의 캡처 이미지를 업로드하여 삽입해도 됩니다. 저는 릴스 영상을 캡처하여 삽입하였습니다.

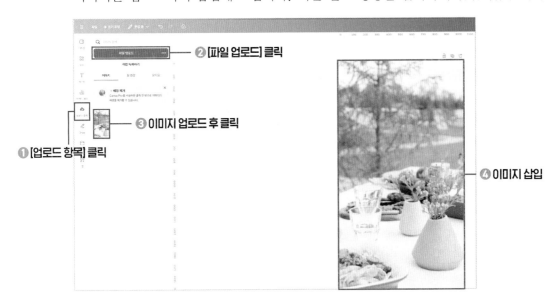

03 [도형]의 사각형을 삽입하여 정중앙에 맞춰봤을 때 릴스 커버 제목이 사각형의 밖으로 벗어나면 인스타 그리드에서 잘려서 보입니다. 사각형 안쪽으로 텍스트를 사각형 중앙에 배치해주세요. 정중앙은 가로 실선과 세로 실선이 보이는 곳입니다.

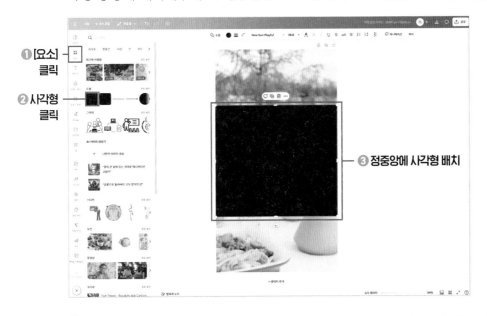

TIP 정사각형 비율을 유지하며 크기를 늘리는 방법은 Shift 를 누른 채 도형의 꼭지점을 늘려주면 됩니다.

04 도형 위에 릴스 커버에 넣을 텍스트를 입력합니다.

텍스트 입력

릴스 커버 만들지 않은 원본 첫 페이지

TIP 릴스 커버를 따로 만들지 않는다면 영상의 첫 부분이 자동으로 커버가 됩니다.

05 글자에 가독성이 떨어진다면 [**효과**]에서 [**테두리**]나 [**그림자**] 효과 등을 적절히 선택하여 적용할 수 있습니다.

① 그림자 효과를 적용한 커버　　② 테두리 효과를 적용한 커버　　③ 도형의 투명도를 조절한 커버

🔦 TIP ③ 도형의 투명도를 조절한 커버'를 만드는 방법은 '템플릿 없이 세로형 포맷의 카드뉴스 만들기'(p.253)을 참고하세요.

카드뉴스

카드뉴스는 짧고 간결한 정보 전달을 위해 여러 장의 카드 형식 이미지로 구성한 뉴스나 콘텐츠를 의미합니다. 카드 한 장 한 장에 간결한 텍스트와 이미지가 포함되어 있어, 모바일 환경에서 쉽게 정보를 소비할 수 있도록 도와주며 교육, 마케팅, 홍보, 공공 정보 전달 등의 목적으로 활용됩니다.

▷ 잠시만요!

카드뉴스 사이즈

• 정사각형: 1080 × 1080 픽셀

일반적인 사이즈입니다. 인스타그램 피드, 블로그 썸네일과 동일합니다.

• 세로형: 1080 × 1350 픽셀

세로형 포맷은 스마트폰 화면을 더 넓게 채워, 사용자의 시선을 게시물에 더 오래 머무르게 만듭니다. 이는 보는 이의 몰입도를 높이고, 메시지 전달에 있어서 더 큰 효과를 발휘할 수 있습니다.

1. 카드뉴스 만드는 방법

1) '카드뉴스' 검색 후 템플릿 이용하기

01 [디자인] 메뉴 클릭 – 상단 검색창에 '카드뉴스'라고 검색하면 해당되는 다양한 템플릿들이 필터링되어 보입니다. 마우스를 템플릿 위에 올려놓으면 해당 템플릿의 페이지 수를 확인할 수 있습니다. 한 장짜리 템플릿인지, 여러 장의 페이지로 구성된 템플릿인지 확인 가능합니다.

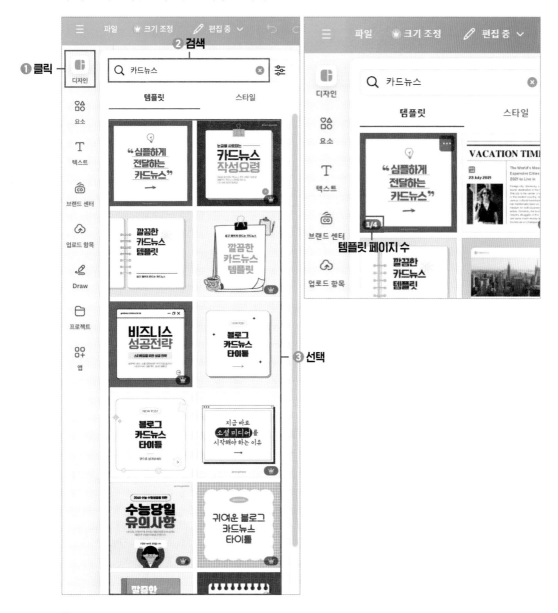

💡**TIP** 템플릿을 클릭하면 전체 페이지의 디자인을 미리 볼 수 있습니다.

02 상단의 [모든 6개 페이지에 적용]을 클릭하면 6개 페이지가 한 번에 캔버스 6개 페이지에 들어오게 됩니다. 원하는 페이지만 각각 클릭하여 캔버스에 가져올 수도 있습니다. 원하는 페이지를 선택하여 글자, 이미지를 수정하여 손쉽게 만들 수 있어 요. 단, 왕관 아이콘이 표시되어 있는 템플릿은 Pro 이용자만 사용 가능합니다.

2) 'Carousel' 검색 후 템플릿 이용하기

캐러셀(carousel)은 여러 개의 이미지, 비디오, 텍스트 등의 콘텐츠를 일정한 간격으로 순서 대로 보여주는 UI 요소를 말합니다. 여기에서 도 페이지 수를 확인할 수 있고, 모든 페이지 에 적용하거나 원하는 페이지만 선택하여 사 용할 수 있습니다.

이렇게 세트로 나오는 템플릿을 사용하는 것 외에도 개별 디자인 템플릿들의 색상, 폰트, 요소를 통일하여 만들어준다면 세트처럼 만들 수 있습니다.

바로 활용하기 / 서울 벚꽃 명소 추천 카드뉴스 만들기

실습으로 사용할 템플릿

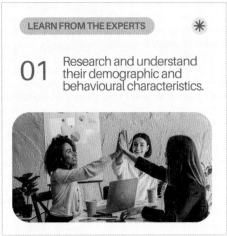

- 템플릿 이름: Teal Lilac Neon Green Digital Marketing Tips Carousel Instagram Post
- 템플릿 크리에이터: Diana Munoz(@dianamunoz)

- 템플릿 이름: 보라 분홍 심플한 봄 벚꽃 축제 일정 안내 인스타그램 포스트
- 템플릿 크리에이터: DMD STUDIO(@dmdstudio-la)

위의 5장의 캐러셀 템플릿과 1장의 썸네일 디자인을 가지고 아래처럼 '벚꽃 명소 추천 카드뉴스'를 만들어봤습니다.

베스트스팟탐방

서울 벚꽃 명소 BEST5

@sunny_ssam_

여의도 윤중로

01 여의도 윤중로는 벚꽃뿐만 아니라 한강의 멋진 풍경도 함께 즐길 수 있습니다.

석촌호수

02 호수를 둘러싼 벚꽃이 아름다운 곳으로, 벚꽃이 물에 비치는 풍경이 매력적입니다.

서울숲

03 넓은 공간에 벚꽃나무가 심어져 여유롭게 벚꽃을 감상하기 원하는 방문객에게 인기가 많습니다.

경희대학교

04 캠퍼스 내 산책로를 따라 걸으면 벚꽃과 함께 대학의 낭만적인 분위기를 느낄 수 있습니다.

남산공원

05 남산 둘레길을 따라 벚꽃이 피어남산에서 바라보며 서울시내 전망은 특별한 경험이 됩니다.

사진은 임의로 캔바 안에 있는 이미지를 사용했습니다. 해당 장소와는 상관없음을 알려드립니다. 디자인 위주로 참고해주세요.

01 저는 원본의 템플릿에서 본문을 한 장 더 복제해서 추가해주었고, 마지막 페이지는 사용하지 않을 거라서 삭제하였습니다.

글꼴은 '네모고딕(Pro버전)', '캘리그라퍼 Crayon(Pro버전)'을 사용했습니다. 고딕체는 무료 글꼴 중에서 '윤고딕'을, 손글씨 서체는 '나눔손글씨펜' 등을 사용하면 되겠습니다. 글꼴의 굵기를 바꾸려면 글꼴 이름 앞에 〉을 클릭해 보세요. 해당 글꼴을 굵기별로 선택이 할 수 있어요. 단, 〉이 없는 글꼴은 굵기를 선택할 수 없습니다.

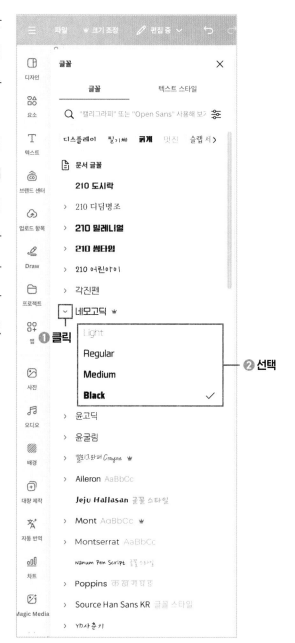

02 화사하게 표현하고 싶어서 텍스트 색상을 밝은 컬러(컬러 코드: #F17283)로 변경하였습니다.

[텍스트 색상] – **[문서 색상]** – **[새로운 색상 추가]**를 클릭하고 위의 컬러 코드를 붙여 넣기 합니다.

03 뒷장의 카드뉴스도 전부 텍스트의 글꼴(네모고딕, 윤고딕)과 컬러(#F17283)를 통일하였습니다.

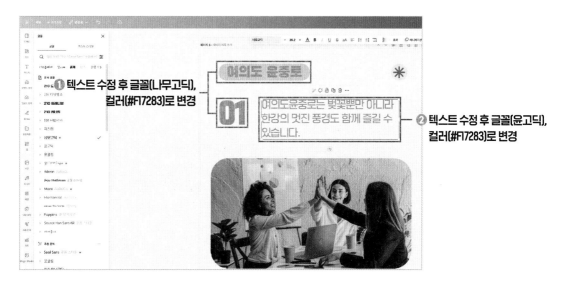

04 오른쪽 상단의 그래픽 요소는 주제에 맞는 요소인 벚꽃 그래픽으로 변경하였습니다.

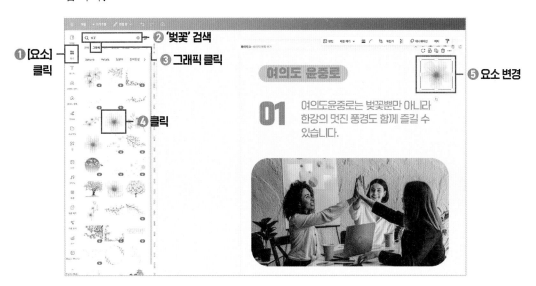

05 상단의 둥근 도형의 컬러는 핑크색과 잘 어울리도록 밝고 연한 베이지 컬러 (컬러 코드: #FFF8E3)로 변경했습니다.

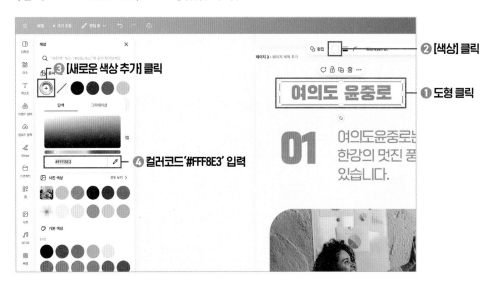

06 사진 프레임의 상단에 있는 앵커를 마우스로 클릭하고 위쪽으로 드래그하여 프레임의 크기를 조금 더 키워줬습니다.

07 배경 색상은 **[배경 색상]** – **[문서 색상]** – **[새로운 색상 추가]** –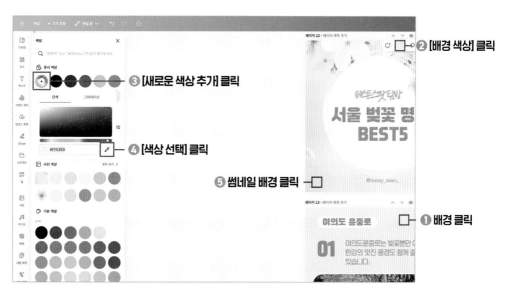

을 사용하여 썸네일의 배경 색상과 일치시켜줬습니다.

08 프레임의 테두리에도 [테두리 색상] – [문서 색상] – [새로운 색상 추가] –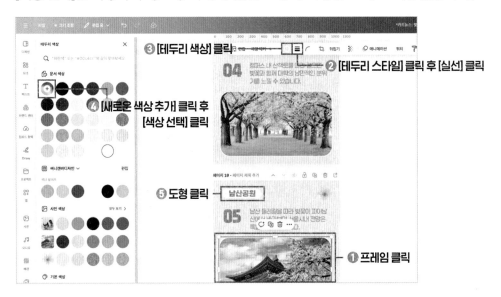
[색상 선택]을 사용하여 장소명 아래에 있는 도형의 색상을 그대로 적용했습니다.

09 이렇게 해서 6장의 '서울 벚꽃 명소 BEST5'에 대한 카드뉴스를 완성했습니다.

세로형 포맷의 썸네일은 게시물을 클릭해야 세로형으로 전체 이미지가 보이고, 게시물을 클릭하기 전에는 그리드의 정사각형으로 보이므로, 그리드에서 잘리는 부분이 없도록 사이즈를 맞춰서 디자인해야 합니다.

01 캔바 첫 화면에서 **[맞춤형 크기]**를 클릭합니다. **[가로]**에 '1080', **[세로]**엔 '1350' 을 입력하고 **[새 디자인 만들기]**를 클릭합니다.

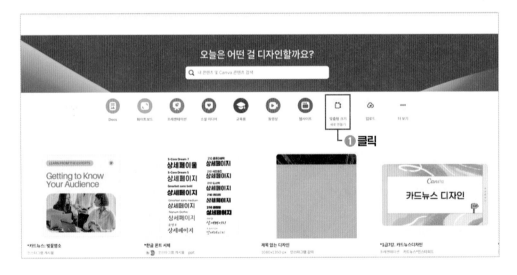

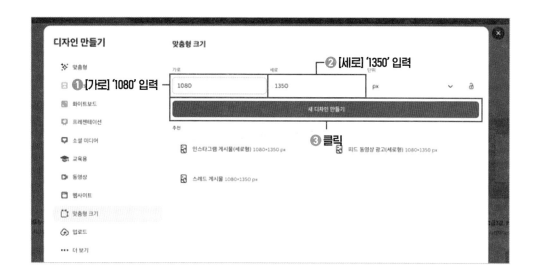

02 썸네일에 사용할 사진을 배경에 넣겠습니다. 맛집을 큐레이션하는 콘텐츠를 만들 거라 해당 지역의 맛집 사진을 넣어볼게요. 이 외에도 본인이 원하는 사진을 넣습니다.

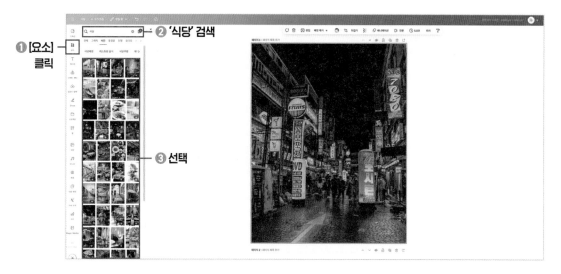

03 [도형]의 사각형을 클릭합니다. 그리고 1:1 비율이 흐트러지지 않게 Shift 를 누른 채로 꼭지점이 캔버스 양쪽 면에 맞게 확대합니다. 또한 위, 아래 위치를 조정하여 가로 실선과 세로 실선이 만나는 지점(정중앙)으로 이동시킵니다.

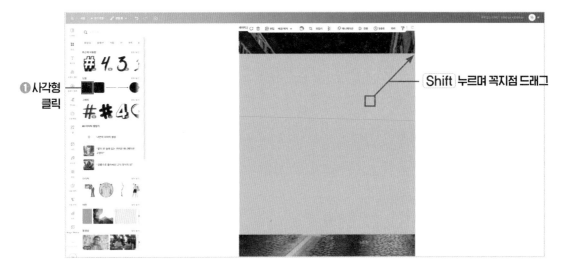

❶ 사각형 클릭

Shift 누르며 꼭지점 드래그

04 썸네일 제목이 눈에 띄도록 크기를 키워서 가득 채워볼게요. 그리고 사각형의 중앙에 배치합니다.

· 홍대! 어디까지 가 봤니? – 글꼴: 210 빛글 ⊕ 글꼴 크기: 40 ⊕ 효과: 테두리
· 서울 홍대 핫플 모아보기 – 글꼴: 210 썸타임 ⊕ 글꼴 크기: 156 ⊕ 효과: 테두리

텍스트 입력 후 중앙 배치

05 Delete 를 눌러 도형을 제거합니다.

도형 제거

06 제목이 좀 더 돋보이도록 하는 첫 번째 방법은 배경을 조절하는 것입니다. 배경의 **[투명도]**를 조절해볼게요.

❷ ▨ 클릭

❸ [투명도] 조절

❶ 배경 클릭

07 제목이 좀 더 돋보이도록 하는 두 번째 방법은 배경에 검은색 도형을 전체적으로 깔아준 뒤 **[투명도]**를 조절하는 것입니다.

- ① **[요소]** 클릭
- ② **사각형** 클릭
- ③ 사각형 배치
- ④ **[투명도]** 조절

08 제목이 좀 더 돋보이도록 하는 세 번째 방법은 위의 **07**에서 텍스트에 한 번더 **[테두리]**를 만들어주는 것입니다. 텍스트에 이중으로 **[테두리]**가 들어간 셈이죠.

- 이중 테두리가 적용된 텍스트

09 그러나 이미 텍스트 효과를 적용했기 때문에 이 상태에서 한 번 더 적용할 수는 없습니다. 현재의 텍스트를 이미지로 변환 후 흰색의 **[그림자]** 효과를 적용해줘서 이중 테두리를 만들겠습니다.

아래 새 캔버스를 추가하고 **[그림자]**를 적용할 텍스트를 가져옵니다.

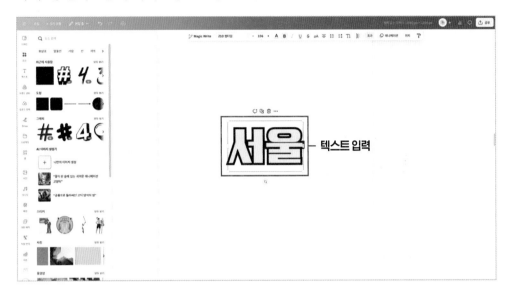

10 글자 간격이 너무 붙어 있어서 간격을 넓히고 싶다면 해당 텍스트 클릭 - **[간격]** - **[글자 간격]**를 늘려주세요.

11 [파일 형식]은 [PNG]를 클릭하고, [투명 배경]을 체크합니다. 그리고 해당 페이지만 다운로드합니다. 그러면 투명 배경의 PNG 이미지로 다운로드됩니다.

12 다운로드한 이미지 파일을 업로드하여 캔버스에 가져옵니다.

13 '서울' 이미지 클릭 – **[편집]** – **[그림자]** – **[개요]** – **[색상]** 하얀색 – **[크기]**를 조절하면 이중 그림자가 적용됩니다.

14 이미지의 홀더를 마우스로 클릭하여 줄여줍니다. 다른 요소를 작업하는 데 방해가 되기 때문입니다.

15 적절히 배치해주면 완성입니다. [PNG]로 다운로드하고 썸네일에 사용합니다. 완성한 썸네일 4가지를 비교해보세요.

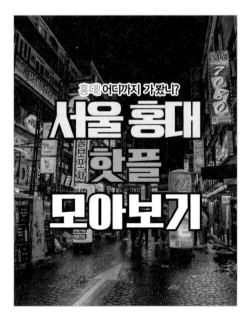

① 원본 썸네일

② 배경의 투명도 조절

③ 검은색 도형의 투명도 조절

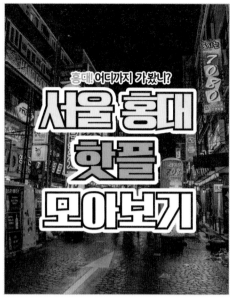
④ 텍스트 이중 테두리 적용

4.2 블로그 크리에이터 되기

네이버 블로그를 해야 하는 이유

소셜 미디어는 여러 종류가 있지만, 특히 블로그 운영을 강조합니다. 그 이유는 블로그가 검색에 최적화된 플랫폼이라는 것입니다. 예를 들어 인스타그램에서 새로운 제품을 발견했다고 가정해볼까요? 그다음에 무엇을 하나요? 아마 대부분 네이버에 검색해서 더 많은 정보를 찾아보겠죠. 사람들은 필요한 정보가 있을 때 본능적으로 네이버에 검색하는 습관이 있습니다. 검색을 통해 전문적인 지식을 확인하거나, 다른 사람들의 리뷰를 참고해 자신만의 판단을 내리게 됩니다.

저는 블로그를 통해 제 강의를 홍보하고 있으며, 이 덕분에 수강생을 모집하는 것은 물론, 여러 기관에서 강의 요청을 받았습니다. 심지어 출판사에서 책 출간 제안도 받았어요. 블로그는 이렇게 수익 창출에도 중요한 역할을 합니다. 따라서 자신의 전문 지식을 알리고 싶거나, 상품과 서비스를 더욱 효과적으로 홍보하려면 네이버 블로그 운영은 필수라고 할 수 있습니다.

블로그 프로필

블로그의 프로필이 중요한 이유

네이버 블로그의 프로필은 여러 가지 이유로 중요합니다.

- **첫인상 형성**: 프로필 사진은 방문자에게 첫인상을 주는 요소 중 하나입니다. 매력적이고 전문적인 사진은 방문자에게 신뢰감을 주고, 블로그에 대한 관심을 유도할 수 있습니다.
- **브랜딩**: 프로필 사진은 블로그의 브랜드 아이덴티티를 형성하는 데 중요한 역할을 합니다. 일관된 스타일의 사진을 사용하면 블로그의 전문성과 독창성을 강조할 수 있습니다.
- **신뢰성**: 프로필 사진이 있는 블로그는 종종 더 신뢰할 수 있는 것으로 인식됩니다. 익명의 블로그보다 운영자가 실제 사람임을 보여주는 것이 더욱 신뢰를 쌓는 데 도움이 됩니다.

이러한 이유들로 인해 네이버 블로그의 프로필은 블로그 운영에 매우 중요한 요소입니다.

01 캔바 첫 화면 검색창에 'profile picture' 검색 - [Canva 템플릿]을 클릭합니다.

02 왼쪽 상단을 보면 총 20,000개의 템플릿이 있다고 나옵니다. 여기서 이 템플릿을 선택하도록 할게요.

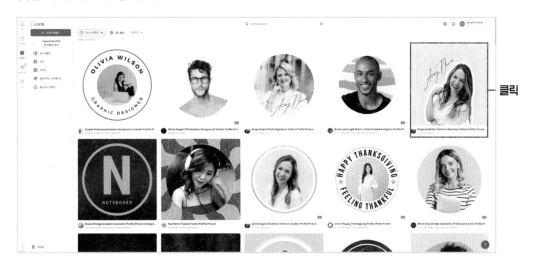

· 템플릿 이름: beige aesthetic feminine business twitter profile picture
· 템플릿 크리에이터: Lucie Sindelkova(@luciesindelkova)

03 마우스로 클릭합니다. [이 템플릿 맞춤 편집하기]를 클릭해주세요.

04 프로필 사진은 인스타, 블로그 모두 마찬가지로 사이즈는 600×600 정사각형 사이즈 이상을 권장합니다. 그 이하는 해상도가 떨어져서 선명하게 보이지 않기 때문입니다.

사이즈를 체크하는 방법은 상단의 **[파일]**을 클릭하면 회색 글씨로 작게 '400×400'이라고 쓰여 있습니다. 또는 **[크기 조정]** − **[맞춤형 크기]** − 자동으로 '400×400'이라고 쓰여 있는걸 확인할 수 있습니다. 최소 600×600 이상을 권장드렸기 때문에 디자인 이후에 사이즈를 조정하는 것으로 진행하겠습니다.

> **TIP** 프로필 사진의 사이즈는 700 × 700도 괜찮고 800 × 800도 괜찮습니다. 높은 픽셀일수록 더 선명해질 것입니다.

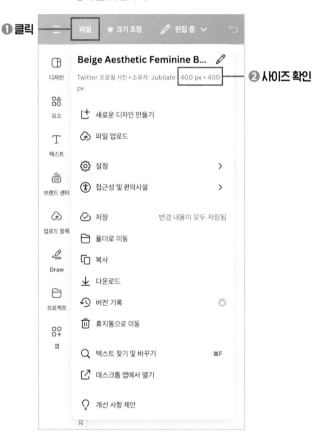

05 사진을 변경해보겠습니다. Pro버전 이용자는 **[업로드 항목]** – **[파일 업로드]** – 프로필로 쓸 사진을 클릭하여 캔버스 안으로 가져온 후, 상단 도구 모음의 **[배경 제 거]**를 이용합니다.

❶[업로드 항목]클릭
❷[파일 업로드]클릭
❸이미지 업로드 후 클릭

❹[배경 제거]클릭

💡TIP 무료 버전 이용자는 앱 [Clear Background] 또는 [Background Eraser]를 사용합니다.

06 내가 업로드한 사진의 크기를 원래 템플릿에 있던 여자 이미지의 크기만큼
키워준 후에 원본 사진을 삭제합니다.

기존 여자 이미지 삭제

07 서명 부분은 본인의 영문 이름으로 바꿔봅니다. 글씨는 더블클릭하여 수정할
수 있어요.

현재 2개의 텍스트 상자로 이루어져 있네요. 텍스트 상자 아래 보이는 ⟲ 을 이용
하여 원하는 각도로 조절할 수 있어요.

❶ 첫 번째 텍스트
수정

❷ 두 번째 텍스트 수정

❸ 나만의 서명 완성

08 사진 테두리에 스티커 효과도 만들어볼게요. 사진 클릭 – 상단 도구 모음의
[편집] 클릭 – **[그림자]**를 클릭합니다.

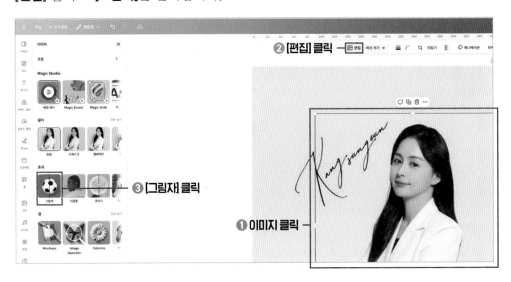

09 **[개요]** 클릭 – **[크기]**를 키워서 두께를 두껍게 만들어주고 **[색상]**은 **[하얀색]**으
로 바꿔줍니다.

10 완성입니다. 서명이 마음에 들지 않으시는 분은 삭제하고 사진만 남기셔도 됩니다.

11 현재 사이즈는 400 × 400으로, 작은 사이즈입니다. 해상도를 고려하여 사이즈를 키워줄게요.

Pro버전인 분은 간단하게 설정할 수 있어요. **[공유]** – **[다운로드]** – **[크기]**를 600 × 600 이상으로 조절한 후, **[다운로드]**를 클릭해주세요. 그러면 600 × 600 사이즈로 다운로드됩니다.

12 무료 버전인 분은 **[맞춤형 크기]**로 캔버스를 새로 생성해줄게요. 좌측 상단의 **[파일]** 클릭 – **[새로운 디자인 만들기]** 클릭 – **[맞춤형 크기]** 클릭 – '600 × 600' 입력 – **[새로운 디자인 만들기]**를 클릭합니다.

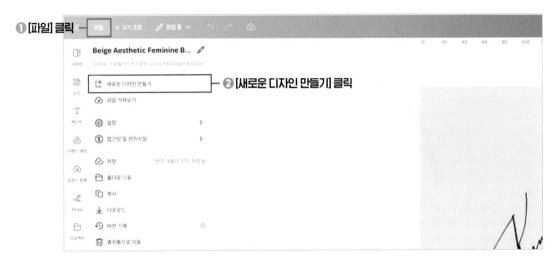

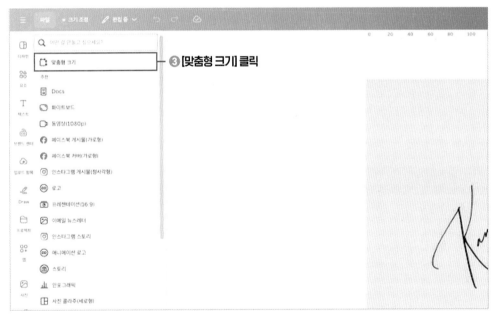

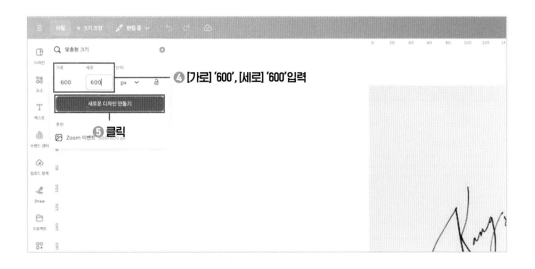

[가로] '600', [세로] '600' 입력

클릭

13 그러면 600 × 600 사이즈의 캔버스가 새로운 창에 열립니다. 왼쪽의 프로젝트 메뉴를 클릭하여 조금 전에 작업한 작업 화면을 클릭합니다.

TIP 수정하기 전 원본 이미지가 보이더라도 미리보기 화면에 반영되는 게 느린 것뿐이니 문제없습니다.

[프로젝트] 클릭

클릭

14 그러면 이렇게 캔버스 안에 해당 이미지가 들어옵니다. 상단 제목에 600 ×
600 사이즈로 변경된 것을 확인할 수 있습니다.

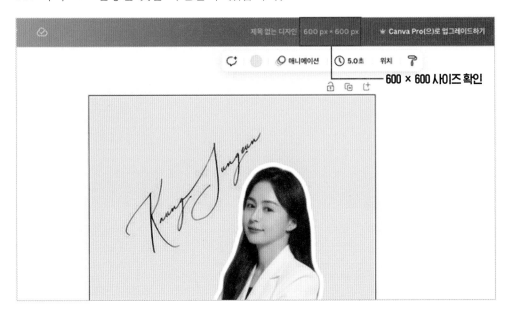

15 [공유] – [다운로드] – [다운로드]를 클릭하고 블로그 프로필 이미지에 등록하
여 사용합니다.

블로그 썸네일

블로그의 썸네일이 중요한 이유

블로그의 썸네일은 첫인상처럼 매우 중요한 역할을 합니다. 썸네일은 블로그 게시 글을 대표하는 이미지로, 독자가 블로그에 접속하거나 검색 결과에서 게시물을 발 견할 때 가장 먼저 눈에 들어오는 시각적 요소입니다. 매력적이고 시선을 끄는 썸네 일은 독자가 게시물을 클릭하게 만드는 중요한 역할을 합니다. 또한 깔끔하고 전문 적으로 보이는 썸네일은 블로그의 신뢰도를 높여줍니다.

캔바에는 주제별로 해당 주제에 대한 썸네일의 템플릿들이 분류되어 있습니다. 템 플릿을 이용하면 원하는 주제와 어울리는 썸네일 디자인을 손쉽게 완성할 수 있어 요. 아래와 같이 주제별 키워드를 알면 템플릿을 찾기에 용이합니다.

주제별 키워드

· 맛집/요리: 맛집, 식당, 카페, 음식, 요리, 레시피 등

· 여행: 여행, 관광, 트래블, 명소, Traveling 등

· 자기계발: 블로그, 챌린지, 자기계발, 목표, 성장 등

· 패션: 패션, 의류, 옷, 모델, 룩북, 부티크 등

· 화장품/뷰티: 화장품, 스킨케어, 미용제품, 뷰티, 메이크업, Skincare products, Beauty product, 미용실, 네일샵, 네일아트 등

· 이벤트/공지: 공지, 안내, 이벤트, 리뷰, 할인, 휴가, notice 등

· 건강/웰니스: 건강, 운동, 피스티스, 요가, 명상 등

· 교육: 교육, 학습, 학교, 입학, 수업, 교실, 학생, 어린이, 유치원, 특강, 수강생, 클래스, 발표 등

· 환경/에코: 환경, 지구, 기후, 어스아워, 자연, Save the earth, environment 등

· 기념일/축제: 생일, 결혼, 축하, 명절, 추석, 한가위, 설날, 전통, 한국, 할로윈, 크리스마스 등

- 미술/전시회: 미술, 전시회, art, art gallery, exhibition 등
- 음악: 음악, 콘서트, 공연, 밴드, 뮤지션, 플레이리스트, 앨범 커버 등
- 건축/인테리어: 건축, architecture, 인테리어, 실내디자인, Home decor 등
- 스포츠: 스포츠, 경기 일정표, 축구, 야구 등
- 비즈니스/기업: 기업, 회사, 직장인, 비즈니스, 보고서, 회의, 컨퍼런스, 세미나 등
- 부동산: 부동산, 집, Home for sale 등
- 동물/애완동물: 애완동물, 반려견, 반려동물, 펫샵, 강아지 등

캔바에서 템플릿 검색하여 찾기

이 외에도 사용자의 필요에 맞춰 더 세분화된 주제나 관심 분야에 따라 키워드를 추가로 검색할 수 있습니다. 이러한 키워드들을 캔바 첫 화면 검색창에 입력하거나 디자인 메뉴의 검색창에 입력하여 관련 템플릿을 찾고, 필요에 따라 템플릿을 수정하여 콘텐츠에 최적화된 디자인을 만들 수 있습니다. 각 키워드에 해당하는 다양한 템플릿들을 통해 매력적인 썸네일을 제작해보세요.

① 첫 화면 검색창

② 디자인 메뉴 검색창

1. 4가지 대표적인 썸네일의 특징 살펴보기

1) 글씨 효과와 포인트가 되는 그래픽 요소를 활용한 썸네일

- 템플릿 이름: 분홍색 단순한 직관적인 데이트 맛집 추천 인스타그램 포스트
- 템플릿 크리에이터: canva-collage-play(@canva-collage-play)

- 템플릿 이름: 바이럴 맛집 추천 인스타그램 포스트
- 템플릿 크리에이터 : pinkpearl(@pinkpearl)

- 템플릿 이름: 맛집 추천 인스타그램 포스트
- 템플릿 크리에이터: minamond(@minamond)

→ 위의 템플릿들의 특징: 소개할 장소의 사진을 배경에 넣고, 글씨에 효과(**[테두리]**, **[배경]**)를 넣고 그래픽 요소(별표, 손하트 등)만으로 심플하게 구성된 썸네일입니다. 크고 눈에 띄는 텍스트가 시선을 끌고 있기에 메시지를 전달하는 데 효과적입니다.

2) 그라데이션을 활용한 썸네일

- 템플릿 이름: 검정색과 갈색 심플한 이미지 서울 맛집 추천 인스타그램 게시물
- 템플릿 크리에이터: 단비(@danbipark)

- 템플릿 이름: 가볼 만한 곳 여행지 추천 카드뉴스 instagram post
- 템플릿 크리에이터: minamond(@minamond)

· 템플릿 이름: 흰색 심플한 이미지 페스티벌 음악 추천 인스타그램 게시물

· 템플릿 크리에이터: 단비(@danbipark)

→ 위의 템플릿들의 특징: 그라데이션 처리는 텍스트의 가독성을 높이는 중요한 요소로 활용되고 있습니다. 이는 특히 배경이 복잡하거나 텍스트가 잘 보이지 않을 수 있는 상황에서 효과적입니다. 그라데이션은 텍스트와 대비를 이루는 색상을 사용하여 텍스트가 더욱 돋보이도록 합니다.

1. 요소 메뉴에서 그라데이션 검색하기

01 '디저트'의 검색 결과에서 이미지 하나를 선택하여 배경으로 설정하였습니다.
그런데 그 위에 하얀색 텍스트로 작성하니 가독성이 좋지 않습니다. 글씨의 가독성
을 높이기 위해서 그라데이션을 넣어보도록 하겠습니다.

02 [요소] 메뉴의 검색창에 '그라데이션' 또는 'gradient' 검색 – [그래픽] 클릭 –
요소를 선택한 후 꼭지점을 잡고 확대합니다.

2. 요소의 도형으로 그라데이션 만들기

01 [요소] – [도형] – 사각형을 클릭합니다.

02 상단 도구 모음의 **[색상]**을 클릭합니다. 왼쪽의 **[색상]** 패널 중 **[기본 색상]**에 있는 **[검은색]**으로 변경합니다.

03 [문서 색상]의 [새로운 색상 추가]를 클릭하고 [그라데이션]을 클릭합니다.

04 두 색상 중 오른쪽에 자동으로 추가된 [회색] 팔레트를 클릭합니다. 그리고 현재 색상에 위치해 있는 동그라미를 같은 라인의 가장 위쪽으로(#FFFFFF) 이동시키고 그 밑에 있는 투명도를 조정하는 동그라미는 가장 왼쪽으로(100% → 0%) 이동시켜 투명하게 변경합니다.

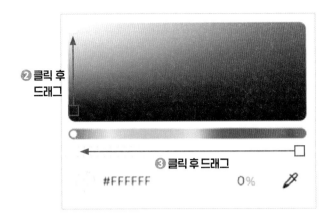

05 그라데이션의 ⟳ 을 클릭하여 기울기를 바꿔주세요. 검정색 쪽이 밑으로 오게 해줍니다.

06 그라데이션의 꼭지점을 마우스로 잡고 드래그해 그라데이션이 넓게 퍼지도록
만들어줍니다.

3) 프레임을 활용한 썸네일

- 템플릿 이름: 은은한 연보라색 꽃 사진 원데이 클래스 수강생 모집 인스타그램
  포스트
- 템플릿 크리에이터: Sijae(@studiosijae)

- 템플릿 이름: 회색 초록 심플한 블로그 마케팅 인스타그램 게시물
- 템플릿 크리에이터: itsmia(@itsmia)

- 템플릿 이름: 화장품 신제품 홍보 인스타그램 포스트
- 템플릿 크리에이터: mauve.d(@mauved)

→ 위의 템플릿들의 특징: 프레임은 시각적 경계를 만들어 사진이나 콘텐츠에 집중할 수 있도록 돕습니다. 이는 관람자의 시선을 자연스럽게 프레임 내의 내용에 집중시켜 주요 메시지나 이미지가 더 뚜렷이 부각됩니다.

01 [요소]에서 스크롤을 내리면 [프레임] 메뉴가 나옵니다. [모두 보기]를 클릭해주세요.

02 [프레임]은 그 모양에 따라 [기본 도형], [영화 및 사진], [기기], [종이], [꽃], [방울], [레트로], [인기 항목] 등 섹션별로 나뉘어 있습니다. 오른쪽의 [모두 보기]를 클릭하면 섹션별로 더 많은 프레임을 확인할 수 있어요.

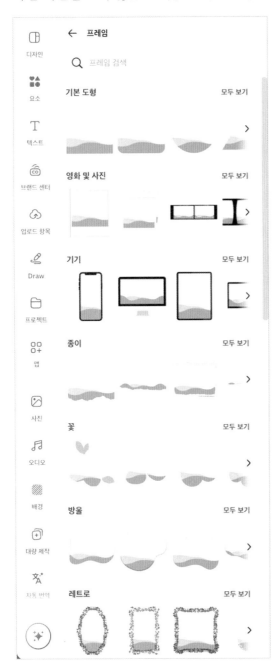

03 저는 [**기본 도형**]의 [**아치형**]을 선택했습니다.

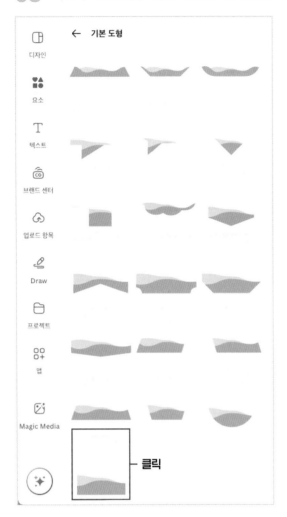

04 상하좌우에 있는 앵커를 클릭하여 좌우로 넓혀주고, 위아래로 좁혀줄 수 있어요. 또한 프레임은 테두리도 만들 수 있어요. 상단 도구 모음에서 [**테두리 스타일**]을 선택하면 [**테두리 굵기**], [**테두리 색상**]도 선택 가능합니다.

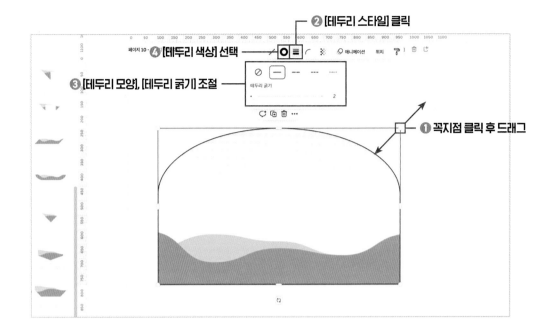

05 **[요소]**의 사진을 드래그앤드롭하거나 **[업로드 항목]**에서 PC에 있는 사진을 업로드하여 프레임 안에 넣어줍니다. 예시에선 **[요소]**의 사진을 넣어보겠습니다.

06 텍스트를 입력하고, 텍스트 효과(**[곡선]**)을 적용합니다. 그리고 실선을 추가하여 썸네일을 완성할 수 있습니다.

4) 그래픽 요소를 활용한 썸네일

- 템플릿 이름: 초록색과 하늘색 깔끔한 산책 일러스트 걷기 운동 챌린지 모집 인스타그램 포스트
- 템플릿 크리에이터: hanees(@hanees)

· 템플릿 이름: 블루 하늘색 일러스트 학원 여름방학 휴강안내 인스타그램 게시물

· 템플릿 크리에이터: designer.eum(@designereum)

· 템플릿 이름: 베이지 일러스트 한가위 추석인사말 인스타그램 포스트

· 템플릿 크리에이터: dgrigo(@dgrigo)

→ 위의 템플릿들의 특징: 텍스트와 그래픽의 조합만으로 창의적인 표현이 가능합니다. 사진보다 더 다양한 콘셉트를 실현할 수 있습니다. 통일된 그래픽 스타일을 반복적으로 사용하면 사람들에게 브랜드나 기관의 이미지를 더욱 각인시킵니다.

비슷한 요소 찾는 방법

1. 요소 이름 검색하기

01 산책하는 여자 클릭 – ⋯ 클릭 – [정보] 클릭

02 가장 상단의 굵은 글씨는 이 요소의 이름입니다.

03 복사해서 **[요소]** 메뉴 검색창에 붙여넣기 하여 검색하면 찾을 수 있어요.

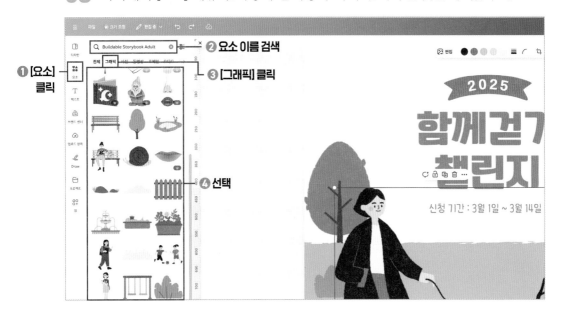

2. 지금과 비슷한 이미지 메뉴 활용하기

01 **[지금과 비슷한 이미지 더 보기]** 클릭

02 지금과 비슷한 이미지들이 필터링되어 표시됩니다.

3. 컬렉션 활용하기

01 [컬렉션 보기] 클릭

02 **[요소]** 상단 검색창에 컬렉션의 코드가 보입니다. 컬렉션으로 묶여 있는 디자인들을 보여줍니다.

컬렉션 코드 ─

동일 컬렉션 요소 ─

5) 도형을 이용한 썸네일

- 템플릿 이름: 오렌지색 베이지색 심플한 블로그 챌린지 포스팅 홍보 인스타그램 포스트
- 템플릿 크리에이터: Aa Project(@aaproject)

- 템플릿 이름: 초록 샐러드 요리수업 인스타그램 게시물
- 템플릿 크리에이터: haenae(@haenae)

- 템플릿 이름: 빨간색 흰색 요리 음식 짤막한 홍보 인스타그램 게시물
- 템플릿 크리에이터: Canva Creative Studio(@canvacreativestudio)

→ 위의 템플릿들의 특징: 도형으로 정보를 계층화하고 시각적으로 구조화하여, 사용자가 중요한 정보를 빠르게 인지하고 이해할 수 있도록 돕습니다.

① 도형에 투명도 적용하는 방법

[투명도] 효과를 통해 텍스트를 돋보이게 하면서도 배경 이미지가 가려지지 않도록 만들 수 있습니다. 배경 이미지(음식 사진)의 디테일이 유지되면서도 자연스럽게 구성할 수 있습니다.

01 사각형 도형을 글자 뒤에 배치합니다. 그리고 상단 도구 모음에 있는 🏁 **[투명도]**를 클릭합니다.

❶ **[요소] 클릭**

❷ **사각형 클릭**

❸ **텍스트 뒤에 사각형 배치**

❹ **[투명도] 클릭**

02 스크롤바를 좌우로 이동하여 **[투명도]**를 조절해보세요.

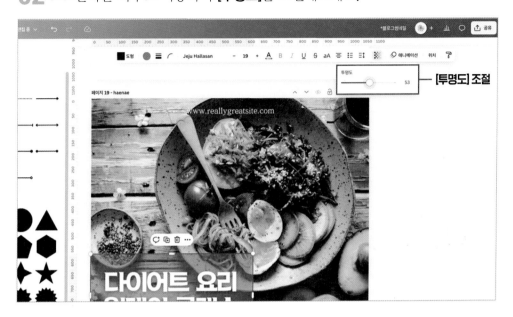

② 도형에 테두리 적용하는 방법

도형에 테두리를 적용하고, 모양도 둥글게 변경할 수 있습니다.

01 사각형 도형을 글자의 뒤에 배치한 후, 상단 도구 모음의 **[모서리 둥글게 만들기]**를 클릭하고 '84'를 입력했습니다.

02 [테두리 스타일] – [테두리 굵기]에 '4'를 입력했어요.

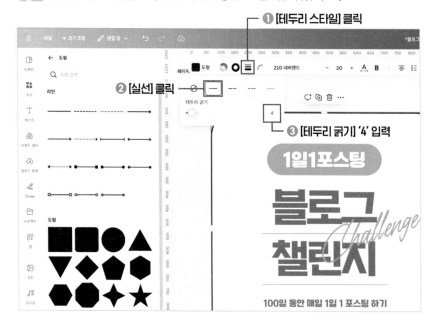

③ 테두리 만드는 방법

01 [요소] – [도형] – 사각형을 클릭합니다.

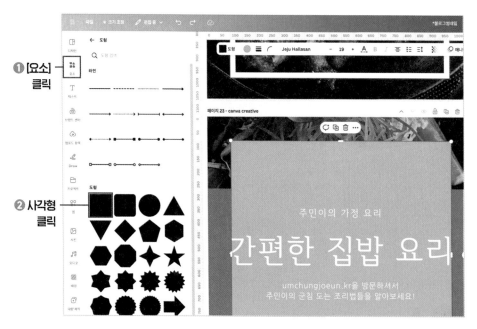

02 상단 도구 모음의 **[색상]**을 클릭하고 도형 색상을 **[문서 색상]**의 **[색상 없음]**으로 변경합니다.

03 **[테두리 스타일]**을 클릭하고 **[테두리 굵기]**를 '26'으로 조절합니다.

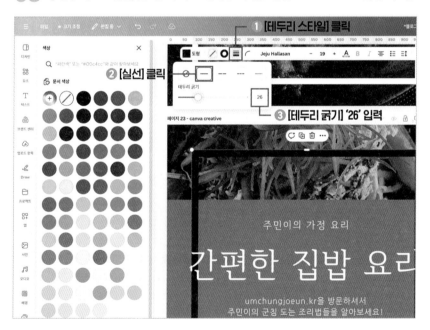

04 [테두리 색상]을 클릭하고 색상을 [하얀색]으로 변경합니다.

05 [위치] – [레이어] – 빨간색 사각형 아래에 위치시킵니다.

움직이는 썸네일

움직이는 썸네일은 자연스럽게 사람의 눈길을 끕니다. 정적인 이미지에 비해 더 높은 주목도를 얻을 수 있으며, 이는 더 많은 클릭과 상호작용으로 이어질 수 있습니다. 움직이는 썸네일은 움직이는 스티커 또는 애니메이션을 이용해 만들 수 있습니다.

1. 스티커(움직이는 그래픽) 활용하기

· 템플릿 이름: 흰색 모눈종이 자기계발 필사 챌린지 인스타그램 게시물
· 템플릿 크리에이터: molip(@molipdesign)

이 템플릿엔 움직이고 있는 그래픽 요소가 2개 있습니다. 이 그래픽은 다음과 같은 방법으로 디자인에 추가할 수 있습니다.

01 메인 이미지로 사용된 노트와 연필 요소를 찾아보겠습니다. 노트와 연필은 하나의 요소입니다. [요소] 상단 검색창에 '연필'이라고 검색한 후 [그래픽]을 클릭해 보세요.

02 검색창 오른쪽 🎚 클릭 – **[애니메이션]**에 체크하면, 검색창에 입력한 키워드와 관련된 그래픽 요소 중 움직이는 요소만 필터링해줍니다.

03 이런 식으로 본인이 원하는 요소와 관련된 단어를 검색창에 검색하여 스티커 (움직이는 그래픽 요소)를 찾아서 간단히 완성할 수 있어요.

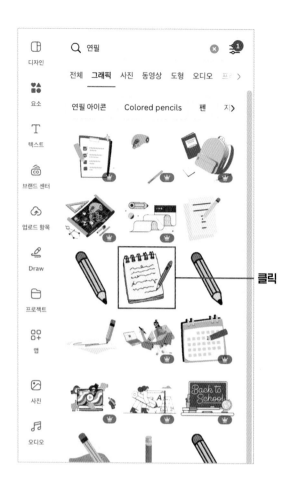

클릭

04 뒤에 있는 하트도 같은 방식으로 필터링하여 찾아봅니다.

하트 요소 추가

05 저는 그래픽 요소의 크기를 줄이고, 가운데에 챌린지 신청 기간을 추가해봤어요.

06 효과가 어떻게 보이는지 다운로드하기 전 확인하고 싶다면 우측 상단의 [공유] 버튼 왼쪽에 있는 ▶을 클릭하면 해당 효과를 재생해볼 수 있어요. 블로그 썸네일로 사용할 때는 파일 형식을 [GIF]로, 인스타그램 게시물로 사용할 때는 [MP4 동영상]으로 다운로드합니다.

2. 애니메이션 효과 활용하기

01 [디자인] 메뉴 상단 검색창에 '봄맞이 할인'이라고 검색하고 클릭합니다. 이 템플릿은 텍스트에 애니메이션 효과가 적용되어 있는 템플릿입니다.

• 템플릿 이름: 핑크톤의 깔끔한 봄맞이 할인 행사 인스타그램 포스트

• 템플릿 크리에이터: Sijae(@studiosijae)

02 뒤에 큼지막하게 쓰여 있는 글씨 'SALE SALE'을 'OPEN OPEN'으로 변경하였고, 앞쪽의 텍스트도 일부 수정해보았어요.

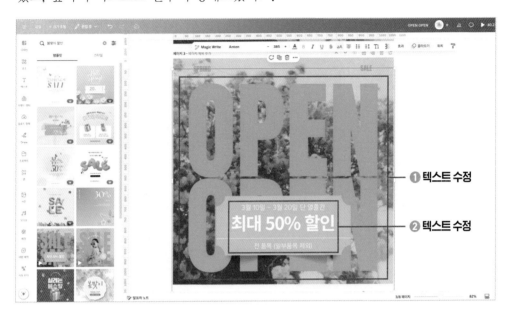

❶ 텍스트 수정

❷ 텍스트 수정

03 상단 도구 모음을 보면 **[애니메이션]**이 아닌, **[올라오기]**라는 효과가 적용되어 있습니다. 클릭해보면 왼쪽에 **[애니메이션]** 패널이 나옵니다. 이 패널의 다양한 효과를 클릭만 하면 적용할 수 있습니다.

❶ **[올라오기]** 클릭

❷ 선택

04 효과를 **[타자기]**로 바꿔보겠습니다. 그러면 도구 모음에도 **[타자기]**로 바뀌어 있는 모습이 보입니다.

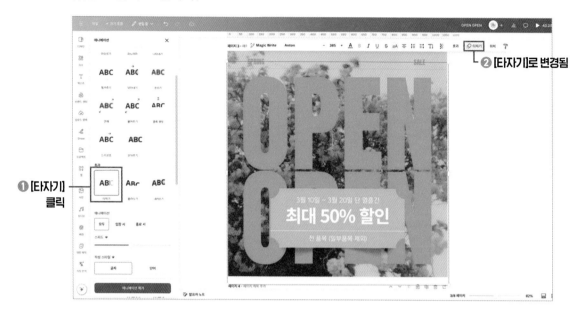

05 나머지 글자들도 클릭해보면 **[내려오기]** 효과가 적용된 것을 확인할 수 있습니다.

06 애니메이션을 제거하고 싶다면 **[애니메이션]** 패널의 하단에 **[애니메이션 제거]**를 클릭합니다. 그러면 도구 모음에 애니메이션 효과 이름이 나오지 않고 원래대로 **[애니메이션]**이라고 나옵니다. 그러면 현재 해당 요소에는 애니메이션 효과가 적용되지 않은 것을 확인할 수 있습니다.

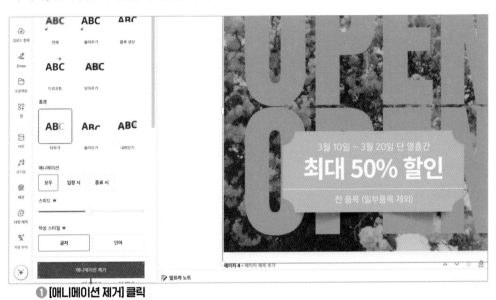

❶ [애니메이션 제거] 클릭

❷ [애니메이션 제거] 확인

07 원래대로 효과를 적용한 후에, 효과가 어떻게 보이는지 다운로드하기 전 확인하고 싶다면 우측 상단의 **[공유]** 왼쪽에 있는 ▶을 클릭하면 해당 효과를 재생해 볼 수 있어요. 블로그 썸네일로 사용할 때는 파일 형식을 **[GIF]**로, 인스타그램 게시물로 사용할 때는 **[MP4 동영상]**으로 다운로드합니다.

→ 위에서 살펴본 대로, 움직이는 썸네일을 만들 때는 템플릿을 꼭 이용하지 않더라도 내가 이용하려는 그래픽 요소에 애니메이션 효과를 적용하거나, 스티커(움직이는 그래픽)를 사용하여 디자인한 후 **[GIF]**나 **[MP4 동영상]**으로 다운로드하면 됩니다.

홈페이지형 블로그

홈페이지형 블로그란?

홈페이지형 블로그는 블로그를 웹사이트처럼 활용하는 형태를 말합니다. 일반 블로그와는 다르게 더 정돈된 구조와 디자인으로 구성되어 있습니다. 주요 정보나 서비스, 콘텐츠가 효과적으로 배치되어 방문자가 쉽게 탐색할 수 있는 것이 특징입니다. 그래서 특히 비즈니스나 전문 서비스를 제공하는 사람들, 그리고 인플루언서들이 많이 활용하는 블로그 유형입니다.

홈페이지형 블로그의 장점

· **브랜드 이미지 강화**: 깔끔하고 전문적인 디자인을 통해 브랜드 이미지를 강화할 수 있습니다. 블로그를 방문하는 사용자들에게 신뢰감을 주고, 비즈니스의 전문성을 강조할 수 있습니다.

· **효과적인 정보 전달**: 중요한 정보를 체계적으로 구분하여 배치함으로써 방문자들이 필요한 정보를 빠르고 쉽게 찾을 수 있습니다. 특히 사업 소개, 서비스 목록, 연락 정보 등은 고정된 페이지로 제공되기에 방문자들이 직관적으로 이해할 수 있습니다.

- **마케팅 도구로 활용 가능**: 홈페이지가 아닌, 블로그형 웹사이트를 운영하면 고객과 의 커뮤니케이션을 원활히 할 수 있습니다. 댓글이나 소셜 미디어와의 연동을 통 해 고객 피드백을 받고, 이벤트나 공지 사항을 효과적으로 알릴 수 있습니다.

이러한 장점 덕분에 홈페이지형 블로그는 개인 브랜드뿐만 아니라 소상공인, 중소 기업, 그리고 자신을 알려야 하는 프리랜서들에게 효과적인 비즈니스 홍보 도구입 니다.

홈페이지형 블로그 예시

> ### 잠시만요!
>
> **실습을 위한 예제 파일 다운로드**
>
> 시원북스 자료실(www.siwonbooks.com/adddata)에서 확인해주세요.
>
> ① 블로그 스킨 가이드 템플릿
>
> ② 위젯 소스
>
> → ① '블로그 스킨 가이드 템플릿'은 링크를 공유해드립니다. 이를 웹브라우저에 붙여넣기 하면 여러분들의 캔바 계정에서 해당 템플릿을 열어서 원하는 대로 편집할 수 있습니다. ② '위젯 소스' 는 파일을 다운로드하시고 각 위젯 소스를 복사하여 이용해주세요.

1. 홈페이지형 블로그 디자인하기

블로그 스킨 가이드 템플릿을 클릭하여 캔바에서 나만의 블로그 배너를 디자인합니다.

① 메뉴 정하기: 여러분의 블로그 내의 메뉴 또는 외부의 사이트 링크로 연결해줄 대표 메뉴를 정해봅니다. 텍스트를 클릭하여 글자를 수정할 수 있어요.

② 블로그 이름 정하기: 가운데 텍스트에 넣을 블로그의 이름을 정해보고, 내 블로그를 소개할 수 있는 짧은 한 줄도 함께 넣어봅니다.

③ 연락받을 연락처 작성하기: 추가로 연락처를 남기고 싶다면 기재하고, 필요 없다면 삭제합니다. 단, 이 과정은 생략 가능합니다.

④ 배경 변경하기: 현재는 사진이 배경으로 들어가 있어요. 다른 사진으로 교체하거나 배경에도 깔끔하게 색상만 넣은 후, 나의 블로그 주제와 어울리는 그래픽 요소로 꾸며줄 수도 있어요.

배경에 들어가는 이미지는 크기가 작은 PC나 노트북에서 볼 때 양옆의 이미지가 잘려 보일 수 있으므로 되도록이면 5개 메뉴 바의 안쪽에서 작업하는 게 좋습니다. 양옆에 있는 가이드라인 확인하세요.

제공해드린 템플릿을 바탕으로 캔바의 요소들을 활용하여 자유롭게 여러분의 블로그 스킨을 디자인해보세요.

바로 활용하기 / 네이버 블로그에 스킨 적용하기

01 네이버에 로그인하여 블로그에 접속해주세요. 블로그 스킨은 PC에서 적용할 수 있습니다.

TIP 모바일 버전에서는 적용되지 않습니다.

02 스킨 변경: 블로그에 접속 후 상단에 있는 **[내 메뉴]** 클릭 – **[스킨 변경]** – 스크롤바를 아래로 내려서 **[2 페이지]**를 클릭하면 **[베이직]**이라는 이름의 스킨이 보입니다. **[베이직]** 왼쪽의 **[체크 옵션]**을 클릭 후 아래에 있는 **[스킨 적용]**을 클릭하면 해당 스킨으로 변경됩니다.

03 세부 디자인 설정: [내 메뉴] – [세부 디자인 설정] – [직접등록] – [파일 등록]
– 앞서 디자인한 블로그 스킨 이미지를 업로드합니다.

[블로그 꾸미기] 리모콘 기능 안내입니다

[블로그 꾸미기] 리모콘 기능 안내입니다

04 **[타이틀]** – **[블로그 제목]** 표시 해제 – **[영역 높이]** '455' 입력

05 네이버 메뉴와 블로그 메뉴 디자인은 직접 마음에 드는 것으로 선택한 후, **[적용]**을 클릭합니다.

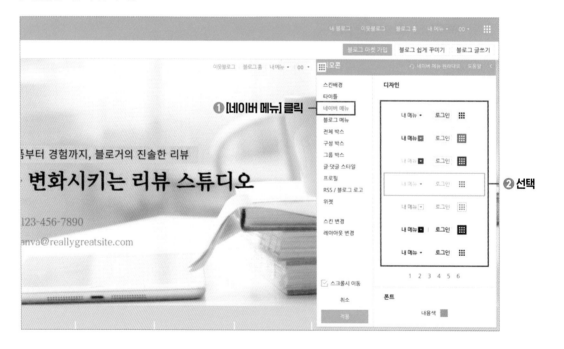

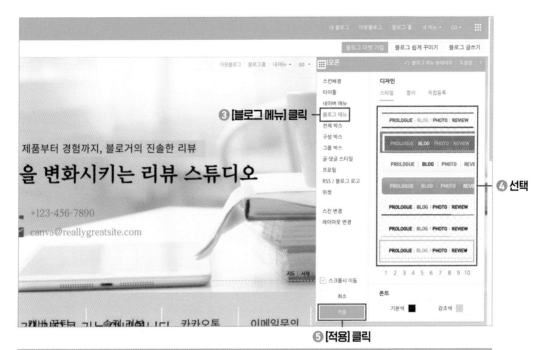

③ [블로그 메뉴] 클릭

④ 선택

⑤ [적용] 클릭

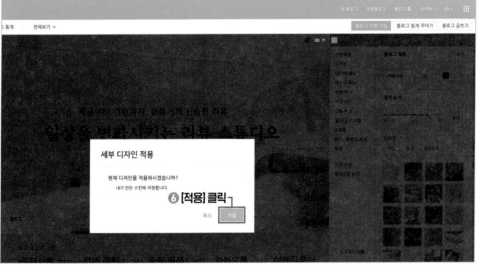

세부 디자인 적용

현재 디자인을 적용하시겠습니까?
내가 만든 스킨에 저장합니다.

⑥ [적용] 클릭

취소   적용

06 [내 메뉴] – [세부 디자인 설정] – [레이아웃 변경] – 레이아웃은 우측에서 2번째를 선택하고 [메뉴 형태]를 [타이틀] 위로 올립니다. 아래 불필요한 메뉴는 삭제하세요. 저는 [이웃커넥트]를 삭제하겠습니다.

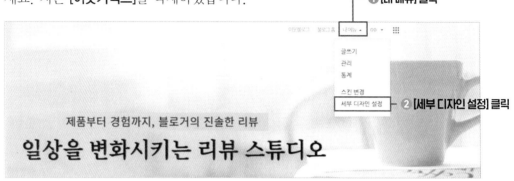

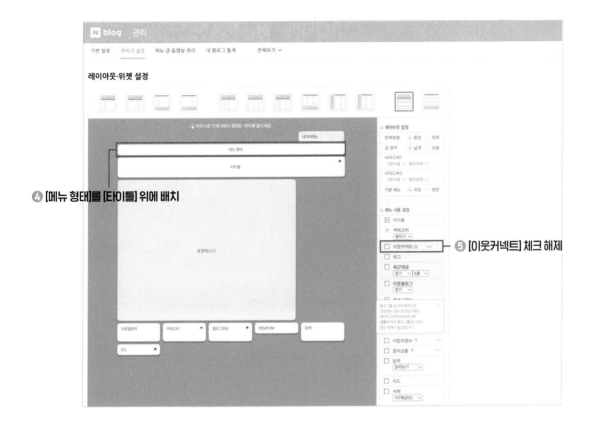

❹ [메뉴 형태]를 [타이틀] 위에 배치

❺ [이웃커넥트] 체크 해제

07 그다음 순서로 위젯을 만들어 주요 링크를 연결해보겠습니다. 위젯은 특정 기능이나 정보를 추가하는 작은 애플리케이션입니다. 블로그에 위젯을 추가하면 방문자에게 필요한 정보를 직관적으로 제공하고, 외부 사이트와 소셜 미디어 계정과 연결하는 기능을 손쉽게 구현할 수 있습니다.

[+ 위젯직접등록]을 클릭합니다.

TIP 가로 기본 위젯은 5개까지 넣을 수 있습니다.

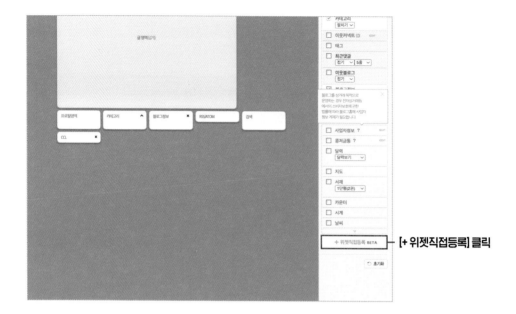

[+ 위젯직접등록] 클릭

08 **[위젯 01]**부터 **[위젯 05]**까지 각각 등록할 겁니다. 블로그 메뉴 중에서 선택한다면 내부 링크이므로 '_blank'를 입력하고, 인스타그램 주소나 카카오톡 등과 같은 외부 링크의 경우에는 '_top'을 입력합니다.

실습에서는 3개의 블로그 내부 링크와 2개의 외부 링크(인스타그램, 카카오톡)을 연결해볼게요.

'실습을 위한 예제 파일 다운로드'(p.313)에서 다운로드한 위젯 소스를 활용하실 때입니다. **[위젯 01]**부터 **[위젯 05]**까지 위젯 소스를 각각 복사하고 해당 번호에 그대로 붙여넣기 합니다. 그리고 'href=' 뒤에 나오는 작은 따옴표 안엔 임의의 URL이 적혀 있는데, 이를 지우고 여러분이 각각 연결할 링크를 붙여넣어 줍니다. 위젯 주소를 붙여넣기 한 후 **[다음]** – **[등록]**을 클릭합니다.

같은 방식으로 5개 모두 각각 등록합니다. 그러면 이렇게 **[위젯 01]**부터 **[위젯 05]**까지 모두 등록되었습니다.

❶ **[위젯 이] 붙여넣기**

❷ **[다음] 클릭**

❸ **[등록] 클릭**

4 나머지 위젯 등록

09 등록된 [**위젯**]을 마우스로 드래그하여 순서대로 [**타이틀**] 아래로 옮깁니다.

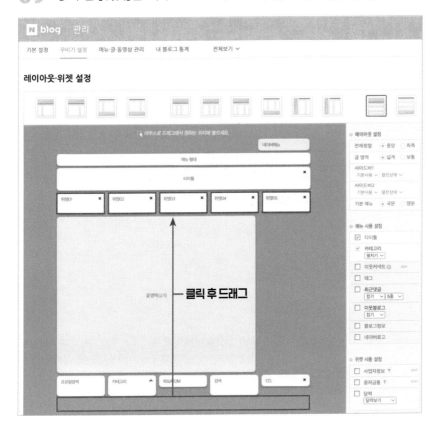

10 하단의 [**적용**]을 눌러주면 완성입니다. 여러분의 스킨이 잘 등록되었는지 확인해보세요.

4.3 유튜브 크리에이터 되기

유튜브를 해야 하는 이유

· **영상 기반 정보의 풍부함과 몰입도**: 유튜브의 영상 콘텐츠는 텍스트 기반 검색보다 정보 전달 효과가 더 좋습니다. 예를 들어 요리법, 운동 방법, 메이크업 튜토리얼 등은 글보다는 영상으로 볼 때 더 직관적으로 이해할 수 있습니다. 시청자는 시각적 자료와 실제 예시를 통해 더 쉽게 배우고 따라 할 수 있으며, 더욱 생생한 경험을 할 수 있습니다.

· **알고리즘을 통한 맞춤형 콘텐츠 제공**: 유튜브는 사용자가 관심 가질 만한 콘텐츠를 정확하게 추천하는 알고리즘을 보유하고 있습니다. 검색 후 연관된 다른 주제의 영상도 쉽게 접근할 수 있고, 검색과 동시에 구독이나 좋아요 등을 통해 관련 콘텐츠를 지속적으로 제공받을 수 있습니다. 이런 점 덕분에 정보를 매우 편리하게 탐색할 수 있습니다.

이렇듯이 유튜브는 영상 콘텐츠의 강점을 살려 더 다양한 방식으로 정보를 제공하는 강력한 검색 도구이며 개인의 역량을 넓히고 다양한 기회를 열어주는 플랫폼입니다.

유튜브 썸네일

유튜브의 썸네일이 중요한 이유

· **시청자의 관심을 끄는 시각적 요소**: 유튜브는 무수히 많은 영상이 매일 업로드되는 플랫폼으로, 시청자가 어떤 영상을 클릭할지 결정하는 데 썸네일이 큰 역할을 합니다. 따라서 썸네일은 콘텐츠의 첫인상으로서, 짧은 시간 안에 시청자에게 호기심을 자극해야 합니다.

· **콘텐츠의 핵심 정보 전달**: 썸네일은 단순히 시각적 요소가 아니라, 영상의 내용을 간략하게 보여주는 중요한 정보 제공 창구입니다. 영상의 주제를 직관적으로 전달하는 텍스트나 이미지가 포함되면, 시청자는 영상이 어떤 내용을 담고 있는지 쉽게 이해할 수 있습니다.

· **브랜드 이미지와 정체성 구축**: 썸네일에서 일관된 색상, 폰트, 이미지 스타일을 사용하면 시청자는 썸네일만 보고도 누구의 영상인지 즉시 인지하게 됩니다. 이처럼 꾸준히 통일된 디자인의 썸네일을 사용하면, 채널의 정체성이 확립되고 시청자에게 친근한 이미지로 다가갈 수 있습니다.

썸네일은 유튜브 영상의 첫인상을 결정짓는 매우 중요한 요소입니다. 시청자들이 수많은 영상 중 자신의 콘텐츠를 클릭하게 만들고, 나아가 채널의 브랜드 이미지를 구축하며, 유튜브의 추천 알고리즘에도 긍정적인 영향을 주기 때문입니다.

> **TIP** 유튜브 프로필은 앞서 진행했던 인스타 프로필, 블로그 프로필 만들기 방식을 참고하셔서 디자인하면 됩니다. 유튜브 영상 편집도 복잡한 편집이 아니라면 '릴스'(p.217)에서 배웠던 방식으로 편집 가능합니다.

바로 활용하기 / 주제별 캔바의 템플릿 이용하기

1. 캔바의 첫 화면에서 템플릿 검색하기

- 검색 방법

  - 한글 템플릿: 주제(한글) ⊕ 유튜브

  - 한글 템플릿: 주제(영어) ⊕ YouTube

- 검색 예시: 음식 유튜브, food YouTube

TIP [디자인] 메뉴의 상단 검색창에서도 동일한 방식으로 템플릿을 찾을 수 있습니다.

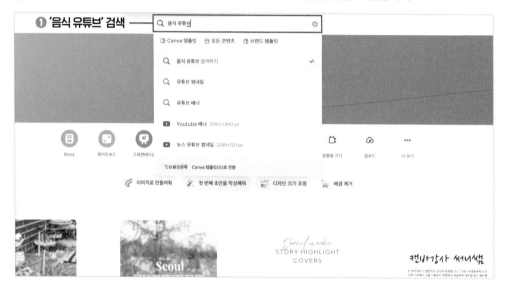

2. 유튜브 썸네일에 많이 쓰이는 효과 적용하기

① 스티커 효과

스티커 효과를 통해 인물의 외곽선을 강조하여 시선을 집중시킵니다. 활기차고 캐주얼한 콘텐츠에 적합합니다.

- 템플릿 이름: Purple Creative Livestream YouTube Thumbnail
- 템플릿 크리에이터: elversa(@elversa)

② 그라데이션 효과

사진 배경의 유튜브 썸네일에 텍스트의 가독성을 높이기 위해 **[그라데이션]** 효과를 많이 사용합니다.

- 템플릿 이름: 검정색 음식 이미지 도시락 맛집 소개 유튜브 썸네일
- 템플릿 크리에이터: 단비(@danbipark)

③ 분할 효과

[그리드]를 이용해 하나의 화면에서 여러 이미지를 배치할 수 있습니다. 이 방법으로 다채로운 정보를 한눈에 전달할 수 있어 자주 활용됩니다. 다음 예시에서 썸네일에 이 효과를 적용하는 방법을 알려드리겠습니다.

- 템플릿 이름: 패션 모델 사진 가을 코디 모음 유튜브 썸네일
- 템플릿 크리에이터: Yuja(@yujadesign)

01 [요소] – [그리드] – [모두 보기] – 원하는 그리드 모양을 클릭하면 됩니다. 스크롤을 내리면 다양한 모양의 그리드가 나오는데, 점점 칸이 많아지는 형태입니다. 다음은 그리드 형태의 예시입니다.

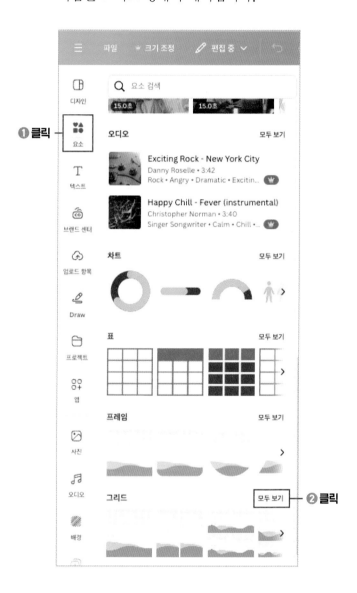

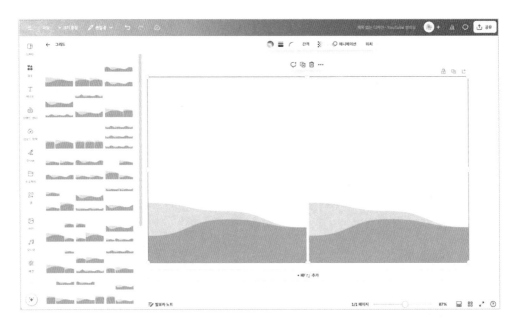

· 세로형 2칸

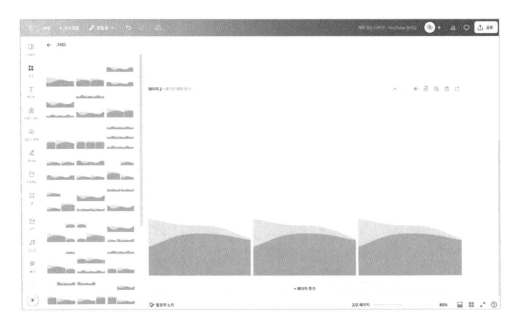

· 세로형 3칸

• 세로형 4칸

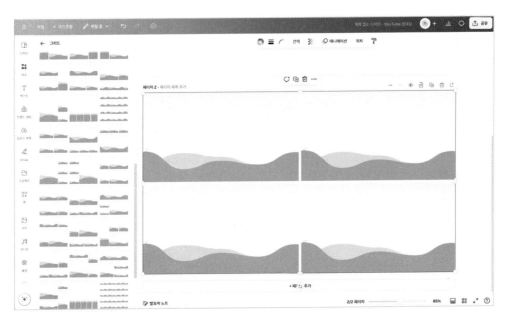

• 가로 2칸 세로 2칸

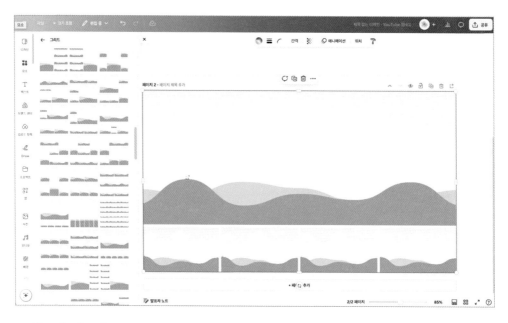

• 상 1칸 하 4칸

02 또는 그리드 여러 개를 조합하여 새로운 그리드를 만들 수도 있습니다. **[세로형 2칸]**과 **[가로형 2칸 세로 2칸]**을 함께 결합해보겠습니다. 먼저 **[세로형 2칸]**을 클릭한 후, 오른쪽에 있는 앵커를 클릭하여 왼쪽으로 이동합니다. 그다음 **[가로 2칸 세로 2칸]** 그리드를 클릭한 후 왼쪽에 있는 앵커를 클릭하여 오른쪽으로 이동합니다.

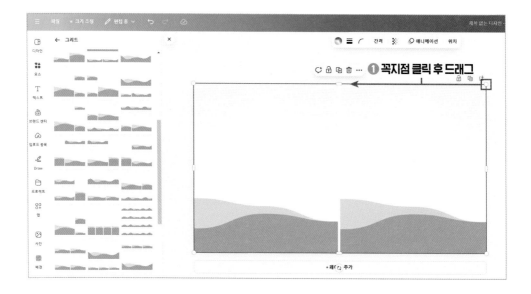

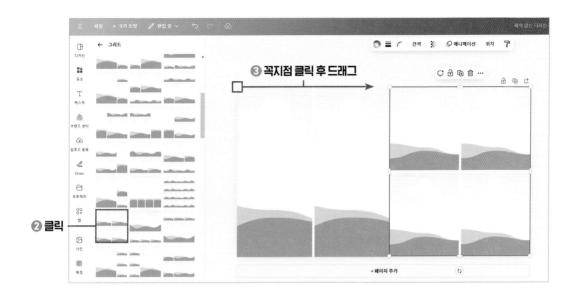

03 그리드의 안쪽에 간격이 있지요. 간격을 줄여줄 수도 있습니다.

줄여주려는 그리드 클릭 – 상단 도구 모음의 **[간격]** 클릭 – **[그리드 간격]**을 '0'으로

바꿔줍니다.

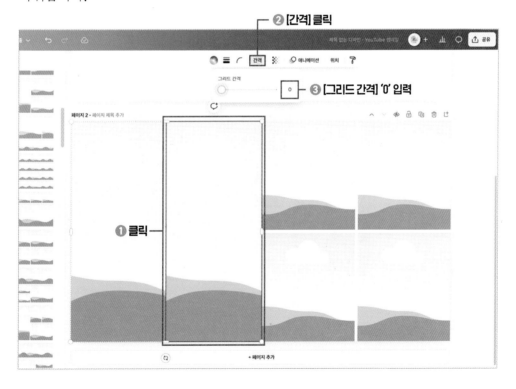

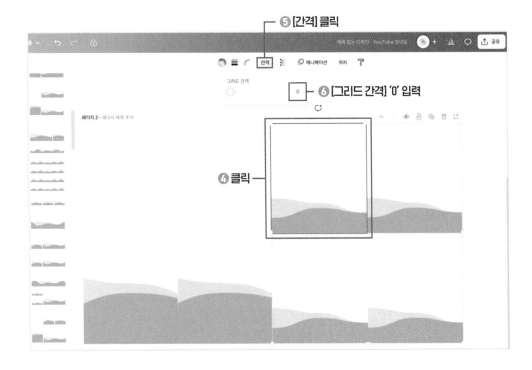

04 그리드 안에 사진을 넣고, 텍스트를 추가하여 썸네일을 완성해 보았습니다.

TIP 인스타그램 릴스 캔버스에서 이 방식대로 작업하여 분할 릴스를 만들 수 있습니다.

유튜브 채널 아트

유튜브 채널 아트(배너)는 채널의 첫인상을 좌우하는 중요한 요소입니다. 채널 아트를 디자인할 때 고려해야 할 주요 사항은 다음과 같습니다.

· **권장 사이즈 준수**: 유튜브 채널 아트의 권장 사이즈는 2560×1440 픽셀입니다. 하지만 이 크기로 제작할 때 다양한 기기(데스크탑, 모바일, TV 등)에서 다르게 보일 수 있기 때문에 중요한 정보나 텍스트는 안전 영역에 맞춰서 배치하는 것이 중요합니다. 유튜브는 많은 사람들이 스마트폰을 이용하여 시청하는 경우가 많죠. 그렇기 때문에 스마트폰에서도 잘리지 않게 표시되는 것이 중요합니다. 안전 영역은 1546×423 픽셀 크기이며, 이 영역에 중요한 텍스트나 로고를 배치하면 모든 기기에서 잘리지 않고 잘 보일 수 있습니다.

· **채널의 목적과 브랜드 반영**: 채널 아트는 당신의 채널이 어떤 주제와 관련이 있는지 명확하게 보여줘야 합니다. 이를 위해 로고, 슬로건, 색상 등을 일관성 있게 사용하여 브랜드 이미지를 강화하는 것이 중요합니다. 예를 들어 요리 채널이라면 주방 관련 이미지를, 여행 채널이라면 풍경이나 여행지 관련 이미지를 활용할 수 있습니다.

· **시각적으로 깔끔하고 간결하게**: 텍스트와 이미지를 너무 많이 포함하지 않는 것이 좋습니다. 시청자들이 채널을 처음 방문했을 때 채널의 주제와 핵심 메시지를 쉽게 이해할 수 있어야 하기 때문입니다.

1. 유튜브 채널 아트 만들기

01 유튜브 배너 템플릿 선택: 캔바 첫 화면 – **[소셜 미디어]** – **[Youtube 배너]**를 클릭합니다.

02 아래의 템플릿 이름을 [디자인] 메뉴 검색창에 검색합니다. 그리고 해당 템플 릿을 클릭합니다.

- 템플릿 이름: Blue Modern Dance Channel Youtube Banner
- 템플릿 크리에이터: Rajesh Grover(@rajeshgrover)

03 안전 영역은 노란색 테두리 안쪽입니다. 디자인은 자유롭게 하시면 됩니다. 여기에서는 사진과 텍스트를 이용하여 심플하게 만들어보도록 하겠습니다. [파일] – [설정] – [눈금자 및 가이드 표시] – 눈금 '500'과 '2050'에 가이드라인을 맞춰놓고 그 안에서만 디자인합니다.

04 불필요한 요소를 삭제해보겠습니다. 저는 파란색 도형 빼고는 전부 지웠습니다.

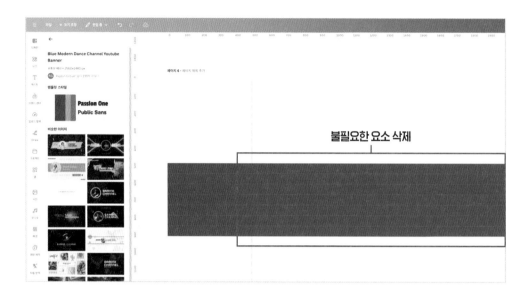

05 [요소] – [도형] 선택 – 사각형 클릭 – 크기를 조절해 가이드라인에 맞춰볼게요. 색상을 변경했습니다. 인스타그램 하이라이트를 디자인할 때 사용했던 컬러의 **[그라데이션]**을 그대로 여기에서도 적용해볼게요. 이 컬러를 만드는 법은 '하이라이트 커버'(p.208)를 참고하세요.

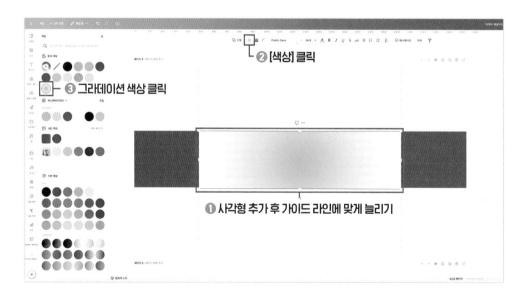

06 중앙에 사진을 넣어볼게요. 그리고 **[배경 제거]**를 클릭합니다.

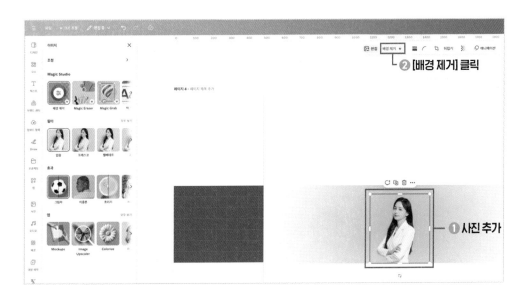

07 **[그림자]**를 적용하여 입체적으로 표현해볼게요. **[편집]** – **[효과]** – **[그림자]** – **[드롭]**을 클릭합니다. **[그림자]**가 너무 진하다면 강도를 약하게 해주면 됩니다. 세부 사항을 원하는 대로 조절합니다.

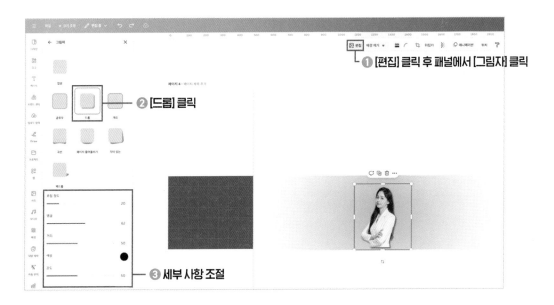

08 [그림자]를 적용하면 이미지가 수축되어 위쪽으로 올라가지요. 꼭지점을 클릭하고 드래그앤드롭하여 확대해준 후에 아래선을 위로 올려서 깔끔하게 잘라주세요.

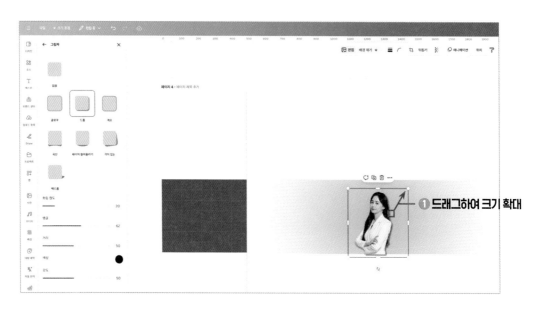

❶ 드래그하여 크기 확대

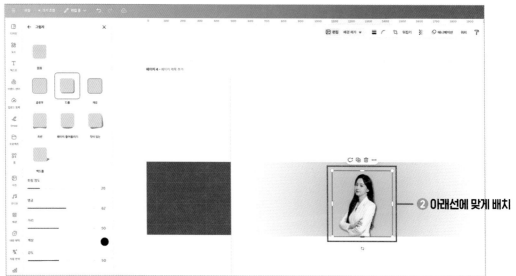

❷ 아래선에 맞게 배치

09 사진 주변에 글자를 입력해볼게요. 저는 'Canva digital contents Creator'라고 적고, 글자 크기와 위차를 조정하여 배치했습니다.

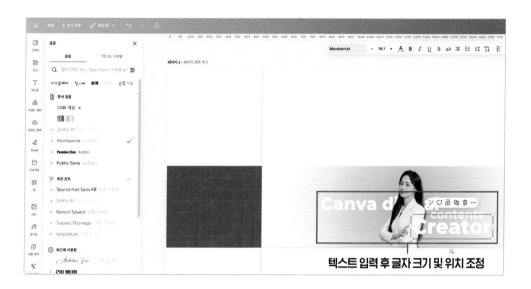

텍스트 입력 후 글자 크기 및 위치 조정

10 제일 뒤에 있는 파란색 도형을 제거하면 완성입니다.

11 [PNG] 형식으로 다운로드해 유튜브에 적용하면 됩니다.

💡 **TIP** 유튜브에 적용하는 방법: 우측 상단 프로필 - [내 채널 보기] - [채널 맞춤설정] - [배너 이미지] - [업 로드] - 게시

인트로/아웃트로

인트로와 아웃트로는 영상의 시작과 끝을 딱딱하지 않게 만들어 주며, 시청자에게 편안한 흐름을 제공합니다. 인트로는 영상의 도입을 부드럽게 만들고, 아웃트로는 자연스럽게 마무리하면서 다음 콘텐츠로 연결시키는 역할을 합니다. 로고가 있다면 로고도 함께 넣어 사용하시기를 추천드려요. 이를 통해 영상을 더 프로페셔널하고 일관성 있게 만들어줍니다.

인트로

- **짧고 간결하게**: 인트로는 3~5초를 넘지 않도록 짧게 유지하는 것이 좋습니다. 너무 길면 시청자가 지루함을 느끼고 이탈할 수 있습니다.
- **음악과 사운드**: 채널 분위기에 맞는 배경 음악이나 효과음을 적절히 사용하면 더욱 프로페셔널한 느낌을 줄 수 있습니다. 음악은 저작권 문제가 없는 것(예: 유튜브 오디오 라이브러리)을 사용하는 것을 추천드립니다.

아웃트로

- **구독 유도 및 콜투액션(CTA)**: 아웃트로는 보통 5초~10초 정도가 적당합니다. 구독, 좋아요, 알림 설정 등의 콜투액션 이모티콘을 추가하면 참여율을 높일 수 있습니다.
- **시각적 일관성**: 아웃트로 디자인도 인트로와 일관된 스타일과 색상을 유지하는 것이 좋습니다. 브랜드 통일성을 유지해 시청자에게 전문적인 이미지를 줄 수 있습니다.
- **음악과 사운드**: 인트로와 마찬가지로 유튜브 오디오 라이브러리의 음악 사용을 추천합니다.

1. 인트로 만들기

01 캔바 첫 화면에서 'intro'라고 검색하고 해당 템플릿을 선택해주세요.

· 템플릿 이름: Beige and Brown Neutral Elegant Welcome YouTube Intro Video

· 템플릿 크리에이터: Jiant R(@jiantramadan)

02 이 인트로 템플릿은 총 5페이지로 구성이 되어 있습니다.

03 사진 바꾸기: 모든 페이지의 각 프레임에 저는 제 사진을 이용할 건데요, 로고가 있다면 로고를 넣으면 좋습니다. 로고도 캔바의 로고 템플릿을 이용하여 간단히 제작해보세요.

04 글자 바꾸기: 글자도 내 채널과 어울리는 문구로 바꿔줍니다.

05 시간 줄이기: 5~10초 사이가 적당하므로 시간을 조절해주세요. 각 페이지를 클릭하고 상단 도구 모음의 ⏰ 버튼을 클릭해서 원하는 시간을 직접 입력하거나, 시간 조절바를 이용하여 조절할 수도 있습니다. 또한 아래 작게 보이고 있는 5개의 페이지의 앞쪽이나 뒤쪽을 마우스로 클릭하고 드래그앤드롭하여 조절할 수 있습니다. 저는 아래와 같이 시간을 조절하였어요. 모든 설정을 마치면 **[MP4 동영상]**으로 다운로드하세요.

· 템플릿별 영상 길이 예시

	템플릿 ①	템플릿 ②	템플릿 ③	템플릿 ④	템플릿 ⑤
시간(초)	0.7	2.2	0.7	0.7	0.7

❶ ⏰ 클릭
❷ [시간] 조절
❸ 각 페이지 시간 조절

2. 아웃트로 만들기

01 캔바 첫 화면에서 'outtro'라고 검색하고 해당 템플릿을 클릭합니다.

· 템플릿 이름: Cute Pink Thanks for Watching Youtube Outro Video

· 템플릿 크리에이터: Canvalisa(@canvalisa)

02 인트로와 디자인 결을 맞추기 위해 인트로에 적용된 컬러로 **[색상]**을 변경합니다. 인트로 디자인의 컬러 코드를 확인하고 배경 색상에 컬러 코드를 붙여넣으면 됩니다.

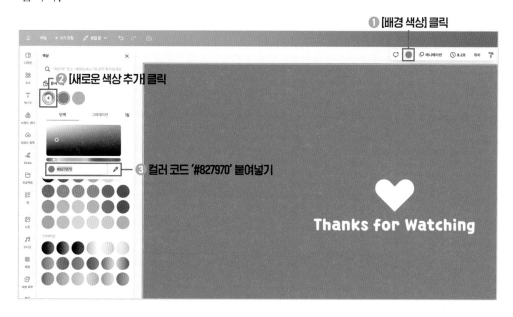

03 디자인에 구독 그래픽 요소를 추가해보겠습니다. **[요소]** – 상단 검색창 'subscribe' 입력 – 마음에 드는 그래픽 요소를 선택합니다.

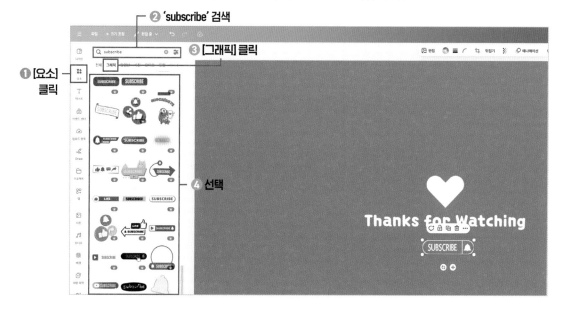

04 구독 그래픽 요소에 **[애니메이션]** 효과를 적용해보겠습니다. 구독 요소를 클릭하고 상단 도구 모음의 **[애니메이션]**을 클릭합니다. 그리고 효과 패널 중 마음에 드는 것을 클릭하여 적용합니다.

TIP [요소]에 'subscribe'라고 검색한 후, 움직이는 것만 선택하여 추가하는 방법도 있습니다.

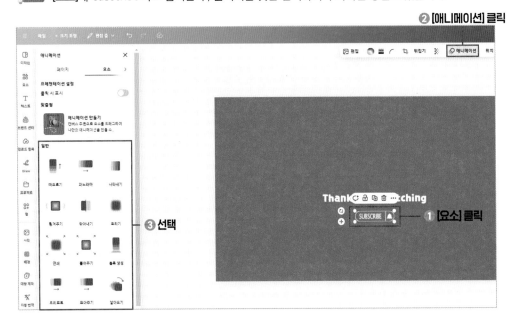

05 **[MP4 동영상]**으로 다운로드합니다.

TIP 이 외에도 다양한 템플릿들이 있습니다. 원하는 것을 선택하여 사용해보세요.

써니쌤과 함께
처음 시작하는 SNS 디자인
캔바

초판 1쇄 발행 2024년 12월 20일

지은이 써니쌤 강성은
펴낸곳 ㈜에스제이더블유인터내셔널
펴낸이 양홍걸 이시원

블로그 · 인스타 · 페이스북 siwonbooks
주소 서울시 영등포구 영신로 166 시원스쿨
구입 문의 02)2014-8151
고객센터 02)6409-0878

ISBN 979-11-6150-926-6 (13000)

시원북스는 ㈜에스제이더블유인터내셔널의 단행본 브랜드
입니다.

독자 여러분의 투고를 기다립니다.
책에 관한 아이디어나 투고를 보내주세요.
siwonbooks@siwonschool.com